大数据时代成本管理的创新与实践路径

潘青锋 ◎ 著

中国商业出版社

图书在版编目（CIP）数据

大数据时代成本管理的创新与实践路径 / 潘青锋著.
北京：中国商业出版社，2024. 12. -- ISBN 978-7
-5208-3263-2

Ⅰ. F275.3

中国国家版本馆CIP数据核字第2024L8R610号

责任编辑：陈　皓

策划编辑：常　松

中国商业出版社出版发行

（www.zgsycb.com 100053 北京广安门内报国寺1号）

总编室：010-63180647　编辑室：010-83114579

发行部：010-83120835/8286

新华书店经销

定州启航印刷有限公司印刷

＊

710毫米×1000毫米　16开　14.5印张　210千字

2024年12月第1版　2024年12月第1次印刷

定价：88.00元

＊ ＊ ＊ ＊

（如有印装质量问题可更换）

前　言

在全球数字化浪潮的推动下，大数据技术已成为企业管理和战略决策的重要驱动力。随着互联网、物联网和人工智能等技术的飞速发展，数据的生成与积累速度不断加快，为企业的经营管理注入了新的活力。在成本管理领域，传统的手工记录和经验决策已无法应对复杂多变的市场环境和竞争压力，此时，应用大数据技术对海量数据进行实时采集、分析和应用，可以提高成本控制的精度，推动成本管理从经验驱动转向数据驱动。

大数据技术的普及能够使人们更加精准地洞察市场变化和客户需求，从而优化资源配置、降低运营成本、提高盈利能力。在这种背景下，采购、物流、财务等各个环节的成本管理模式也随之发生改变。人们不再仅仅依赖传统的成本核算方式，而是通过数据分析预测风险、优化供应链、提高运营效率。面对市场的不确定性和竞争的日益激烈，成本管理已不再是单一的财务问题，大数据技术给成本管控提供了新的思路和实践路径。

本书聚焦于大数据在成本管理中的创新应用，通过系统介绍大数据时代的成本管理模式，为读者提供全面的理论基础和实操指导。书中涵盖了成本风险管理、采购成本管理、物流成本管理及财务成本管理等多个领域，深入探讨了大数据对采购、物流、财务等环节的成本管理优化，提出了智能化管理的创新路径和策略，并通过具体案例展示了大数据在实践中的应用效果。本书不仅重视理论阐述，还注重理论与实践相结合，为读者提供实用的成本管理方法和创新思路，帮助企业在数据驱动的环境下实现成本优化和效率提高。

　　本书适合企业管理者、财务人员及供应链从业者阅读。企业管理者可借助本书了解如何通过大数据优化成本管理，提高决策效率；财务人员可以学习新的成本控制策略与技术，提高管理能力；供应链从业者能够从书中获取较新的物流与采购管理思路，提高整体运营水平。此外，本书对高校师生、研究机构的学者及大数据技术爱好者也具有较高的参考价值，为探索大数据在技术成本管理中的应用提供了理论和实践支持。

潘青锋
2024 年 10 月

目　录

第一章　大数据与成本管理概述 ··· 1

　　第一节　大数据的产生与影响 ·· 1

　　第二节　大数据应用领域 ·· 6

　　第三节　成本管理基本理论 ·· 9

　　第四节　大数据时代成本管理优化 ·· 14

第二章　大数据时代成本风险管理创新与实践路径 ····························· 22

　　第一节　成本风险管理简述 ·· 22

　　第二节　智能化成本风险管理的创新与实践路径 ······························ 28

　　第三节　大数据时代成本风险管理的创新与实践案例 ···················· 43

第三章　大数据时代采购成本管理创新与实践路径 ····························· 58

　　第一节　采购成本管理简述 ·· 58

　　第二节　大数据时代采购成本管理控制分析 ···································· 70

　　第三节　大数据时代采购成本管理的创新模式与实践路径 ················· 76

　　第四节　智能化采购管理系统在采购成本管理中的创新与实践

　　　　　　路径 ·· 80

第四章　大数据时代物流成本管理创新与实践路径⋯⋯⋯⋯⋯⋯ 86

　　第一节　物流成本管理简述 ⋯⋯⋯⋯⋯⋯⋯⋯⋯⋯⋯⋯⋯ 86

　　第二节　大数据时代物流成本的预测与决策 ⋯⋯⋯⋯⋯⋯⋯ 104

　　第三节　大数据时代仓储成本管理的创新与实践路径 ⋯⋯⋯⋯ 121

　　第四节　大数据时代配送成本管理的创新与实践路径 ⋯⋯⋯⋯ 133

第五章　大数据时代财务成本管理创新与实践路径⋯⋯⋯⋯ 156

　　第一节　财务成本管理简述 ⋯⋯⋯⋯⋯⋯⋯⋯⋯⋯⋯⋯⋯ 156

　　第二节　财务成本管理中的财务成本控制 ⋯⋯⋯⋯⋯⋯⋯⋯ 164

　　第三节　大数据时代财务成本管理创新策略与实践路径 ⋯⋯⋯ 184

第六章　大数据时代成本管理的创新与实践案例⋯⋯⋯⋯⋯ 190

　　第一节　大数据时代物流成本管理改进案例 ⋯⋯⋯⋯⋯⋯⋯ 190

　　第二节　大数据时代电商价值链成本管理案例 ⋯⋯⋯⋯⋯⋯ 197

　　第三节　大数据时代供应链成本管理优化案例 ⋯⋯⋯⋯⋯⋯ 206

参考文献 ⋯⋯⋯⋯⋯⋯⋯⋯⋯⋯⋯⋯⋯⋯⋯⋯⋯⋯⋯⋯⋯ 219

第一章　大数据与成本管理概述

第一节　大数据的产生与影响

一、大数据的概念与特征

（一）大数据的概念

大数据作为一种信息资产，具备海量、高速增长和多样化的特点，并需要采用新的处理方式，使得数据能够更有效地转化为具有战略意义的资源，以增强决策能力、洞察力以及优化业务流程，推动企业和组织实现更高效的运营和管理。

大数据的特征可以概括为四个"V"，即大量化（Volume）、多样化（Variety）、快速化（Velocity）和价值化（Value）。

（二）大数据的特征

1. 大量化

随着信息技术的发展，数据呈现出爆炸式增长趋势，各大企业的存储需求迅速增加，数据规模远远超出以往的水平，这成为数据管理的一个重要挑战。目前，不同类型的设备和系统所需的数据存储量显著增加。然而，大数据本质上是一个相对概念，其规模和复杂性因具体的应用场景而异。

2.多样化

根据生成方式，数据可以分为交易数据、交互数据和传感数据；根据来源，数据可来自社交媒体、传感器和系统；在格式上，数据涵盖文本、图片、音频、视频、光谱等多种形式；根据数据关系，数据可分为结构化数据、半结构化数据和非结构化数据；根据所有权，数据可分为个人数据、企业数据和政府数据等。随着互联网多媒体应用的普及，非结构化数据如声音、图片和视频的占比不断上升。根据互联网数据中心的统计，非结构化数据的增长速度显著快于结构化数据，且在整体互联网数据中的占比非常高。

3.快速化

快速化主要体现在两个方面：一是数据增长迅猛；二是对数据的访问、处理和交付速度有更高的要求。

4.价值化

大数据蕴藏的潜在价值巨大，尤其在商业应用中表现得尤为重要。例如，通过分析用户数据，企业能够实现精准的广告投放，产生经济收益。

尽管目前大数据的应用已经带来了显著的商业价值，但这仅是冰山一角。如何建立强大的计算平台，并利用机器学习和高级分析技术，更高效地挖掘和提取数据的潜在价值，仍是大数据应用面临的关键挑战。

二、大数据的产生背景

进入 21 世纪，人类社会正经历着一场信息技术革命，这场革命的核心便是大数据的出现与发展。大数据不仅改变了人们获取和处理信息的方式，也正在改变各行各业的生产、运营和管理模式。大数据的产生并不是偶然的，它的产生有着深厚的历史背景和多重因素的驱动。

（一）计算机与互联网的普及

20 世纪下半叶，计算机技术的飞速发展和互联网的广泛普及标志着人类社会进入信息时代的关键节点。早期的计算机主要用于科学研究和军事用途，但随着硬件技术的不断进步，计算机逐渐走入人们的生活。随着计算能力的提高和计算机价格的下降，个人计算机的普及率大幅提高，这为大数据时代的来临提供了计算基础。互联网的出现则为全球信息的互联互通提供了可能。从最初的小型局域网到后来的全球信息网，互联网的发展经历了多次技术突破，使信息的共享和交流变得空前便捷。互联网促进了数据的大规模生成和传播，社交网络、电子商务及各种在线服务的兴起，都极大地丰富了数据的种类和来源。

（二）社交媒体平台的兴起

进入 21 世纪，社交媒体平台的蓬勃发展进一步增加了数据的生成量。社交媒体平台的普及，使人们的交流方式发生了深远的变革，信息交流进入一个开放而动态的环境。社交媒体平台汇聚了海量的数据，涵盖文字、图片、视频、音频等多种形式，成为大数据的重要源泉。社交媒体平台不仅改变了个人交流的方式，还为企业营销、新闻传播、公共舆论分析等领域带来了新的机遇和挑战。每一个用户的行为和每一篇发布的文案都在不断地丰富着数据的种类和数量，构建了一个复杂而庞大的信息生态系统。

（三）物联网的发展

随着传感器技术和网络通信技术的不断发展，物联网已成为大数据时代的另一重要驱动力。物联网的概念最早出现在 1999 年，如今它已经深刻地影响着各个领域。通过物联网，各种设备能够通过传感技术和无线通信技术相连，实现在更大范围内的数据采集、传输和分析。物联网设备广泛应用于家庭、交通、工业、医疗等领域，物联网的传感器可以实时采集和记录周围环境数据和设备使用数据，生成海量信息。这种实时、动态的数据不仅促进了信息社会的智能化，还为大数据分析提供了丰富的原材料，提高了数据生成的频率和实时性，极大地扩展了数据应用的维度。

（四）移动技术的进步

移动设备的快速普及，尤其是智能手机和平板电脑的广泛应用，使得数据的生产和传播真正实现了无缝对接。移动设备的便携性和多功能性使人们能够随时随地地获取和共享信息，移动应用的开发则进一步推动了数据生成量的爆炸性增长。各种社交、娱乐、购物、支付等应用不仅积累了海量的数据，还使得数据的种类更加丰富多样。智能设备的不断演化，加速了人与设备、设备与设备之间的数据交互，移动技术使得数据生成不再仅依赖固定的网络环境，从而加强了数据的实时性和流动性。

（五）数据存储与处理技术的突破

随着数据量的剧增，传统的数据存储和处理方式已无法满足需求。大数据的潜力要得以发挥，必须依靠强大的存储和处理技术。云计算技术为大规模数据的存储和处理提供了可靠的技术支持，各种云服务提供商为海量数据的存储和计算提供了便利。与此同时，分布式计算技术如 Hadoop 和 Spark 的迅猛发展提高了数据管理、存储、分析的能力。这样的技术进步不仅降低了大数据处理的成本和复杂度，还使分析师、企业更能专注于数据中潜在价值的挖掘，而非受限于技术瓶颈。数据存储和处理技术的突破加速了大数据在各个领域的广泛应用，为充分发掘数据价值提供了坚实的技术基础。

综上所述，大数据的产生与发展是多重因素共同作用的结果。从计算机与互联网的普及，到社交媒体平台的兴起，再到物联网和移动技术的迅猛发展以及存储与处理技术的突破，构成了大数据时代的背景和驱动力。大数据的产生与发展不仅是一场技术革新，还是一场深刻改变人类生活方式和社会结构的革命。

三、大数据的影响

大数据的出现和应用正在从根本上改变各个行业的运营方式、组织结构和决策模式。作为一种重要的战略资源，大数据的影响涉及社会、经济、企业管理和个人生活等多个层面。

（一）对社会的影响

大数据在社会治理中发挥着越来越重要的作用，通过分析海量的社会数据，相关管理部门可以更精确地了解大众需求和社会动态，提高公共服务的质量和效率。例如，大数据被广泛应用于交通管理、公共安全、环境监测等领域，实时的数据分析可以帮助管理部门优化交通信号控制、预防犯罪、监测污染等。此外，大数据支持灾害预警和应急响应，可以提高社会治理的科学性和前瞻性。

（二）对经济的影响

在经济领域，大数据不仅为企业发展带来了新的机遇，还创造了新的商业模式。通过大数据分析，企业能够更精准地把握市场趋势和消费者偏好，从而优化产品设计、营销策略和供应链管理，提高企业市场竞争力。同时，大数据技术推动了金融、零售、物流等传统行业的数字化转型，促进了新兴行业的崛起，如智能制造、共享经济、精准医疗等，这些新模式和新业态改变了全球经济格局，为经济增长注入新动能。

（三）对企业管理的影响

大数据还改变了企业的决策过程和管理模式。首先，大数据能够使企业更快、更准确地作出决策，实时分析大量的市场和运营数据，可以帮助企业及时调整战略方向，优化资源配置，降低经营风险；其次，大数据推动了企业内部流程的自动化和智能化，使得生产、销售、客户服务等业务环节更加高效；最后，大数据促进了企业创新，通过对海量数据的挖掘和分析，企业能够发现新的市场需求和创新机会，开发更具市场竞争力的产品和服务。

（四）对个人生活的影响

大数据正在逐步改变人们的日常生活方式。数据分析与个性化推荐系统能够更好地满足用户的个性化需求，如在电商平台上推荐用户感兴趣的产品或在社交媒体平台上推送相关内容。同时，大数据技术在医疗健康领域的应用能够使个人获得更精准的健康管理服务，如提供个性化的健康建议、疾病预测和个体化治疗方案。基于大数据的智慧城市建设也在不断提高人们的生活质量，如使用优化城市交通、能源管理和环境监控等手段使城市生活更加便捷、高效和可持续。

第二节　大数据应用领域

一、大数据在财务管理中的应用

（一）在财务管理中应用大数据的优势

1. 显著提高获取财务管理信息的数量，缩短获取信息的时间

在大数据时代背景下，企业在创新管理和运营模式的同时，也在不断优化和革新财务管理体系。为了在持续发展阶段及时获取有价值的信息，需要借助先进的科学技术手段，对各项经济活动数据进行分析和归纳，并将分析结果作为决策的重要依据。在传统的财务运行模式中，管理者通常只能从财务报表中获取信息，而大数据的应用能够使管理者通过分析销售、客户和采购数据等多种渠道快速获取财务管理信息，从而大大缩短了获取信息的时间。[①]

---

① 薄其文. 大数据时代企业财务管理模式创新性研究 [J]. 佳木斯职业学院学报，2020，36（3）：49-50，52.

2. 财务管理的精准性越来越高

在常规的财务报表制作过程中，企业往往受到外界因素的影响，容易出现数据错误和不完整等问题，无法准确反映企业真实的财务状况。而财务信息作为决策的关键，其可靠性对企业的长远发展至关重要，如果数据不准确，可能导致重大决策失误。[①] 在大数据的支持下，财务管理工作的标准化和规范性得以提高，保证了财务数据的真实性和准确性，增大了财务数据的应用价值。

3. 提高财务管理者的工作效率

在大数据背景下，财务管理者能够借助科学技术的支持，对各类数据进行全面的分析和归纳，可以更加精准地掌握财务状况，识别管理中的不足。这种能力使财务管理者提高了工作效率，推动财务管理模式多样化发展。

（二）大数据在财务管理中的应用

1. 强化财务风险防控工作

企业应高度重视财务风险防控工作，构建完善的财务风险预警机制，从事前预防、事中监控和事后总结等方面入手，进行全方位、实时性的风险监管。为此，企业需要建立专门的财务信息管理平台，及时发现财务管理中数据不准确的情况，并进行风险预估。当发现潜在风险因素时，须进行综合评价，在风险达到临界值时及时发布预警信号，提醒相关人员采取相应措施，确保财务管理的安全和稳健运行。[②]

2. 加大资金投入力度并完善配套设施

在现代运营中，财务信息化是实现整体信息化的关键，对经营管理水

---

① 王晓丽，孟秀蕊. 大数据时代预算管理：理论与创新实践研究 [M]. 长春：吉林人民出版社，2021：11-15.

② 张红梅. 大数据在企业财务管理中的应用探析 [J]. 财务管理研究，2020（3）：85-90.

平有直接影响。因此，在推进财务信息化建设过程中，应高度重视基础设施的建设，持续增加资金投入，并不断完善各项配套设施，确保各部门间实现信息共享，防止出现"信息孤岛"现象。通过这些措施，企业能够有效提高整体管理效率，更好地适应信息化时代的需求，增强竞争力和运营能力。具体措施可参考以下几点。

（1）在财务预算中加大财务信息化建设方面的项目投入，确保年度预算中能够包含财务信息化内容。为达到监督控制财务业务流程的目的，企业可以构建专项预算管理系统，在编制财务预算和执行财务预算的过程中，按照事前、事中及事后全程控制的方式进行。

（2）在硬件管理方面，将财务数据纳入整体信息化系统中，并建立一个包括各部门在内的网络体系。

（3）在软件设置方面，根据实际运行状况和财务管理工作需求，构建合理有效的动态管理系统，确保财务数据获取的及时性和准确性。

3. 多方面入手提高财务管理效率

在实施财务管理过程中，引入大数据技术，强化制度规范建设，明确各部门和人员的职责，制定科学、详细的实施流程和标准，可以确保财务管理工作稳步推进，提高工作效率。同时，应用大数据技术可以准确评估财务工作的内外部环境，减少流动投资频率，并详细评估常见财务风险；创新财务管理方法，加强技术和人才引进，调整传统财务信息的界限，实现信息的准确筛选和共享。

二、大数据在风电领域的应用

结合大数据分析和天气建模技术的能源电力系统能够大幅提高风电的可靠性。传统风资源预测不够精准，导致风能不足时需要火电作为后备，增加了电网对风电的依赖和后备电站的建设成本，同时火电的使用会带来二氧化碳排放。而大数据分析技术能够综合考虑温度、气压、湿度、降雨量、风向和风力等多种因素，提高风电预测的精确性，使电网调度人员能够提前安排调度，提高风电的使用效率，并有效减少对环境的负面影响。

风机制造商通过精准的预测模型、实时故障检测系统和先进数据采集技术，结合风机运行状态与风电场运营数据，可以有效地优化风机设计参数并提高发电效率。同时，在追求风电场效益最大化的过程中，风电场业主需要依靠大数据分析，优化运营策略，提高发电效率和经济效益。[①]

尽管大数据技术在风电领域有着广阔的应用前景，但当前该领域面临的主要挑战是数据整合困难。风机和风场的数据分散在风机制造商、风场业主、系统运营商和运维服务商等多方手中，各方虽然能够从数据中受益，但由于缺乏合理的利益分配机制，没有进行数据共享。这种"数据孤岛"现象限制了大数据的充分应用，阻碍了风电行业整体效益的提高和进一步发展。需要注意的是，知识产权问题对大数据在风电领域的应用也产生了一定的阻碍。

风电行业的核心意义在于向终端消费者提供更加稳定、清洁和经济的电力，这不仅是该行业存在的合理性依据，还是其发展的目标。为了充分发挥大数据的潜力，风电行业应当共建共享运营数据，以争取在大数据时代实现更高效的发展，为人们提供更优质的电力服务。

第三节　成本管理基本理论

一、成本的经济内涵

制造业的生产过程涉及多种工业产品的生产，包括产成品、自制半成品、工业性劳务，以及自制材料、工具、设备和提供非工业性劳务等。这些生产活动所产生的各类费用被称为生产费用，为生产特定种类和数量的产品所发生的生产费用，称为产品成本。生产成本核算是指将这些生产费

---

① 林杨. 基于现有风电远控系统采集数据的大数据分析及应用 [D]. 北京：华北电力大学（北京），2017.

用按照所生产的产品或提供的劳务进行归集和分配，从而计算出产品或劳务的总成本和单位成本。[①]

成本是一个价值范畴，与价值密切相关。在市场经济中，社会产品的本质是使用价值和价值的统一体。产品的价值由生产中耗费的社会必要劳动量决定，具体由三部分构成：第一部分是产品生产过程中耗用的物化劳动的价值，即已耗费生产资料的转移价值；第二部分是劳动者为自身劳动所创造的价值，主要以工资形式支付给劳动者，归个人支配；第三部分是劳动者剩余劳动所创造的价值，归社会支配，包括税金和利润。产品价值的前两部分构成了产品成本的基础，体现了成本的客观依据。[②]因此，产品成本本质上是产品价值中物化劳动的转移价值和劳动者为自身劳动所创造价值的货币表现。这种成本反映了在生产过程中所需支付的各项费用，用以维持生产活动和劳动报酬，从而维系社会再生产的正常运转。

理论上，产品成本应包含产品价值中的物化劳动的转移价值和劳动者为自身劳动所创造的价值。然而，在实际操作中，经济核算需要依靠收入来弥补各种支出，以补偿生产经营中的资金耗费。因此，从资金补偿的角度出发，一些不直接构成产品成本的支出也需要列入成本核算范畴，以确保生产正常运作和财务平衡，这种方法体现了成本核算在实际应用中对于资金回收和持续经营的重要性。

产品成本的实际内容称为成本开支范围，为强化成本管理并防止不合理的成本列支，要对成本开支范围进行统一规定，并严格遵守。这些规定不仅依据产品成本的本质，还考虑了加强经济核算的需要，因此将部分与产品价值无关的费用也纳入了成本范围。[③]这种做法有助于充分发挥成本在生产经营管理和经济核算中的积极作用，确保在合理、规范的成本范围内进行经营活动，从而提高经济效益和管理水平。

---

① 程艳. 中小企业成本中的财务管理探讨 [J]. 商业时代，2011（9）：93-94.

② 汪祥耀，杨忠智. 现代成本会计学 [M]. 杭州：浙江人民出版社，2008：3-11.

③ 李毅，蒋琳. 企业成本管理探析 [J]. 现代商业，2009（30）：97.

二、成本管理的意义

成本管理是通过一系列科学方法，对生产经营过程中产生的各类费用进行预测、决策、核算、分析、控制和考核，其核心目的是降低成本并提高经济效益。在市场经济体制下，竞争是其本质特征，与计划经济不同，市场经济中各参与者以平等身份进行竞争，竞争结果遵循优胜劣汰的规律，类似于自然界的生存法则。在这种环境中，能否生产或提供质优价廉的产品或服务是能否取得生存和发展的关键，通过降低成本来保持价格竞争力是获胜的途径。只有在有效的成本控制下，才能在保证产品质量的前提下提供更具竞争力的价格，赢得更多客户。然而，仅靠降价而不控制成本，难以维持长期竞争优势，可能导致失败。因此，在市场经济条件下，加强成本管理至关重要，它不仅能提高竞争力和生存能力，还能实现可持续发展，确保长期的经济效益和市场地位。成本管理具有以下几方面意义。

（一）降低产品成本

在生产过程中，各项支出被称为生产费用，但并非所有生产费用都会转化为产品成本。从补偿的角度来看，销售收入至少应覆盖生产过程中产生的成本，才能维持再生产的能力。[①] 如果销售收入超过成本，则能实现盈利，为扩大再生产提供资金；相反，如果销售收入低于成本，则会出现亏损，导致资本减少。当亏损总额达到资本总额时，将无法继续经营，甚至面临破产风险。因此，成本水平直接影响企业的生存能力，降低成本成为成本管理的核心任务，以确保企业稳定运营和财务健康。

成本管理的核心目标是通过有效的管理系统运作来降低成本费用水平，以提高整体经济效益。成本费用水平的下降幅度是衡量成本管理成效的重要标准，也是考核其工作优劣的依据。如果管理系统未能有效降低成本费用水平，或者虽然有一定的下降但幅度不明显，则意味着成本管理工

---

① 李丽萍. 对我国企业成本管理的探究 [J]. 边疆经济与文化，2009（2）：32-34.

作需要进一步改进和优化。然而，需要注意的是，成本费用水平的降低并非一个可以无限持续的过程，而是一个逐渐递减的过程。① 在成本管理的初期阶段，通常能够实现较为显著的成本降低，但随着各种成本控制措施的逐步实施和管理手段的不断完善，后续的成本降低幅度往往会逐渐缩小。这种趋势并不意味着在成本管理工作后期就没有需要改进的地方。成本管理的成效不仅可以通过相对指标来评估，如成本费用率的下降，还可以通过绝对指标来考核，如总成本的减少，通过多样化的指标和考核方式，可以更全面地反映成本管理的实际效果。因此，成本管理工作需要不断探索和运用多种方法和手段，找到新的降低成本的途径，以实现更大的经济效益。② 即便在成本降低空间逐渐缩小的情况下，仍然有广阔的优化空间，通过精细化管理和创新性的成本控制策略，继续推动成本的下降和效益的提高。这样一来，不仅能确保财务健康，还能提高企业在市场竞争中的地位，支持长期可持续的发展。

（二）提高成本核算水平和成本信息的准确性

成本核算作为成本管理的关键环节，能够提供重要的成本信息，其作用多样且与整体管理水平密切相关。无论在何种管理水平下，都必须确保提供准确的成本数据，因为这些数据在内部经营管理中发挥着重要作用。成本信息的准确性直接影响成本预测和决策的可靠性。因此，为了获得准确的信息，需要运行完善的成本管理系统。③ 然而，成本信息的准确性受多种因素影响，不能仅仅依赖成本管理系统，但一个有效的管理体系仍在确保成本信息的准确性方面发挥着关键作用。

成本信息不仅对于自身管理至关重要，对社会经济的综合管理部门同样具有重要意义。管理部门可以利用成本信息进行宏观调控和管理，如制定价格规范等。税务部门需要检查成本信息，确保各项成本开支符合国家

---

① 杨海清. 加强成本管理　提高经济效益 [J]. 新经济，2015（14）：87.

② 吴旭辉. 黑龙江省机械加工业成本核算方法的研究 [J]. 北方经贸，2015（10）：138-139.

③ 谭教枝. 作业成本法在铁路工务维修中的应用研究 [D]. 长沙：中南大学，2004.

规定的范围和标准。有效的成本管理有助于提高成本信息的准确性，为宏观管理提供可靠的数据支持。成本指标受到多种因素的影响，包括外部环境和内部管理体制。从外部环境来看，成本指标受宏观经济管理的影响；从内部管理来看，管理体制对成本指标起到重要作用。

（三）提高经营管理水平

成本指标是一项反映整体经济状况的综合性指标，能够直接显示各项工作的成效与不足。因此，成本管理在揭示管理过程中存在的问题方面发挥着重要作用，它不仅有助于管理人员发现问题，还能帮助人们分析问题根源，并提出切实可行的改进措施。有效的成本管理，可以推动生产、技术、质量、劳动和物资等多个方面的持续优化，从而提高整体管理水平和运作效率，实现更高的经济效益。

成本管理工作涉及所有的人员和部门，需要建立相应的责任制，确保每个参与者都能达到规定的考核指标。这种责任制要求各个部门和人员在各自的工作领域中，积极承担成本控制的任务，采取措施来降低各项开支。每个人员和部门的努力，对于整体的成本管理效果至关重要。只有通过广泛动员和协同合作，确保各个环节和流程都在严格的成本控制框架下运行，才能有效地提高整体的成本管理水平。在此过程中，各部门不仅要积极参与，还需不断调整和改进工作方法，以更好地适应不断变化的经济环境和管理需求。加强对成本的分析和管控，能够提高资源的利用效率，减少浪费，为企业的持续健康发展奠定坚实基础。同时，成本管理的有效实施，能强化企业内部的协作和沟通，形成一种精益求精、追求高效的文化氛围。这种文化氛围不仅有助于降低成本，还能推动管理模式的创新和优化，从而增强企业在市场中的竞争力和适应力。

加强成本管理工作、建立有效的责任制以及确保全体人员的广泛参与，都是提高管理效率和实现更高经济效益的关键。成本管理作为一种系统性和综合性的管理活动，在优化资源配置、改善工作流程和提高管理质量等方面具有不可替代的作用。

第四节　大数据时代成本管理优化

随着信息技术的飞速发展，一个全新的大数据时代到来。数据不仅能帮助企业洞察市场变化、把握客户需求，还在成本管理中发挥着重要作用。然而，传统的成本管理方式在面对大数据时代的挑战时，无法满足企业对成本精细化、实时化和智能化管理的需求。因此，在大数据时代背景下，企业亟须探索和创新成本管理的路径，以适应新的市场环境和管理需求。①

一、大数据时代下成本管理优化的意义与必要性

（一）大数据时代下成本管理优化的意义

1. 提高决策效率

在大数据时代，企业不再受限于传统的样本数据，而是可以对海量的实时数据进行深度分析，这种数据驱动的决策模式能够使企业迅速捕捉市场变化，减少决策时间和成本。例如，通过对历史销售数据的分析，企业可以预测未来的销售趋势，从而提前制订采购和生产计划，避免库存积压或短缺。此外，随着自动化技术的发展，许多成本管理决策过程可以实现自动化，提高了决策效率。

2. 优化资源配置

传统的成本管理方式往往只能提供粗略的成本数据，难以精确指导资源配置。而应用大数据技术的企业能够更准确地了解各个业务环节的成本构成和变化趋势。例如，通过数据分析和预测，企业可以测算未来的成本

---

① 唐宝珊. 大数据时代企业成本管理的创新路径研究 [J]. 商展经济，2024（10）：161-164.

变化，提前调整资源配置，确保资源的高效利用。这不仅有助于减少资源浪费和成本超支，还能提高整体运营效率。

3. 增强成本控制能力

大数据技术的应用使企业能够实时监控成本数据，及时发现成本异常，并采取相应的措施进行调整。实时的成本控制方式可以大幅提高成本控制能力，减少不必要的成本支出。同时，通过对成本数据的深入分析，企业可以发现成本控制的盲点和潜力点，为未来的成本管理提供有力支持。

4. 促进成本管理的创新

大数据技术的应用为成本管理创新提供了无限可能，通过数据分析和挖掘，企业可以发现传统成本管理方式中的不足与问题，进而提出新的成本管理理念和方法。例如，企业基于大数据的预测分析，可以提前识别潜在成本风险，从而制定更具针对性的成本控制策略。又如，随着人工智能技术的发展，企业还可以利用机器学习等技术对成本数据进行自动化分析与预测，进一步提高成本管理的智能化水平。

（二）大数据时代下成本管理优化的必要性

1. 应对市场竞争压力

为了保持竞争力，企业不仅需要提供优质的产品和服务，还需要密切关注成本管理和效率提高的过程。大数据技术能够更精确地分析市场趋势和消费者行为，帮助企业制定更加精准的市场策略。同时，大数据技术能够提供实时的成本监控和预测，帮助企业及时发现成本异常并采取相应措施进行调整。

2. 满足客户需求变化

在大数据时代，客户的需求发生了变化，呈现多样化和个性化的特点。为了应对这一挑战，企业需要利用大数据技术对客户数据进行深入分析和挖掘。例如，通过了解客户的购买历史、偏好、行为模式等信息，企业可以更加准确地把握客户的需求变化，从而有针对性地调整成本管理策略，但在满足客户需求的过程中，需要注重与客户的互动和沟通；通过收集客户的反馈和意见，企业可以及时发现产品和服务中存在的问题，并进行改进与优化。这种以客户为中心的成本管理方式不仅可以提高客户的满意度和忠诚度，还能为企业创造更大的商业价值。同时，随着客户需求的不断变化，企业需要持续创新，探索新的成本管理方法和手段，以更好地满足客户需求。

3. 提高企业价值创造能力

大数据技术的应用不仅能帮助企业全面地了解自身的运营情况和市场环境，还能找出隐藏在数据中的新价值创造点。通过深入的数据分析，企业可以洞察市场趋势，发现潜在商机，并据此优化成本管理策略，提高资源利用效率。这样做不仅有助于减少浪费，还能为企业带来更大的利润空间。同时，大数据技术的应用能推动体制内部创新，通过对数据的深入挖掘和分析，企业可以发现自身运营中存在的问题，从而有针对性地进行改进和优化。

4. 适应经济环境变化

经济环境和技术发展日新月异，成本管理方式亦须与时俱进。大数据技术的崛起为应对这些变革提供了新的工具和视角。借助大数据技术，企业能够实时追踪经济环境的变化，对宏观经济政策和市场微观动态都有详细的了解。大数据技术能够提供决策支持，确保企业在技术变革中保持领先地位，提高成本管理的效率。

二、大数据背景下企业成本管理优化创新策略

（一）优化成本管理制度体系，保障数据信息安全

在数据驱动的环境中，成本管理面临着新的挑战和机遇，优化创新策略应重点关注优化成本管理制度体系和保障数据信息安全这两项核心任务。

首先，为优化成本管理制度体系，应加强数据的获取、分析和应用能力，建立数据驱动的成本管理模式。通过大数据分析工具，企业能够全面、实时地分析成本数据，识别潜在的成本节约机会，从而制定更精准的成本控制策略。可以引入人工智能和机器学习技术，实现成本预测和风险预警的自动化，提高决策的科学性和及时性，为动态环境中的竞争力提供保障。其次，保障数据信息安全在数据背景下的成本管理创新中非常重要，应建立完善的数据安全管理制度，涵盖数据采集、存储、传输和使用的各个环节，制定严格的安全控制措施。在数据共享和跨部门协作频繁的情况下，加强对敏感信息的加密保护和访问控制，防止数据泄露和不当使用显得尤为重要。因此，企业应充分利用先进的数据加密技术和多层次的权限管理策略来有效降低数据风险。最后，建立完善的数据审计和监控机制是保障数据安全的重要措施。企业应定期进行安全风险评估和漏洞检测，以识别并修复潜在的安全隐患，保持数据安全防护体系的持续优化。对数据使用进行严格监控和记录，及时应对异常活动，防范数据安全威胁。同时，应通过安全教育和培训，增强相关人员的数据安全意识，减少因人为因素导致的数据安全问题。[①]

（二）利用大数据调整战略性成本规划

利用大数据技术规划成本战略可分为三个主要方面。一是通过大数据技术对外部环境的信息进行实时收集与分析，包括政策变动、市场供需状况以及竞争者的经营动向等，这些外部因素都可能对生产和运营产生重大影响。因此，企业需要依靠大数据系统来高效地获取和处理这些信息，提供全面、准确的数据支持，为生产和运营决策提供科学依据。二是建立健全的数据收集机制，对内部资源、技术水平和生产能力进行全面而精确的评估，以制订更加合理的策略实施计划。三是通过大数据技术详细评估上一时期的成本核算情况，并依据分析结果及时调整未来的成本控制措施，

---

① 焦恒国. 住宅建筑工程土建施工中桩基础施工技术的应用 [J]. 居舍，2024（20）：41-44.

从而实现更优的成本管理、资源配置，并提高整体效率与竞争力。

（三）助力成本管理流程控制

大数据技术在现代成本管理流程控制中发挥着重要作用。大数据技术有强大的数据处理和分析能力，企业利用大数据技术能够有效提高管理效率，优化决策过程，最终实现成本结构的合理化和精细化管理。

首先，大数据技术实现了工程造价的系统化和精细化，利用各种直接或间接的成本信息对业务品质进行全面度量。例如，大数据可以评估运营损耗的合理性，优化新产品与亏损产品的决策，选择适宜的供应商，确定生产与外购策略，并通过数据分析找出最佳的产品组合和生产批次，从而提高成本效益和整体运营效率，确保各项活动在成本可控范围内进行。其次，大数据技术将行业成本数据全面整合，并对内部成本数据进行深入分析，减少了烦琐且重复的计算过程，帮助企业有效应对生产过剩、成本失控等问题。大数据技术不仅提高了成本管理的效率，还提高了对资源利用和运营环节的全面监控能力，使得企业在竞争环境中保持成本优势和决策的准确性，最终取得更高的成本效益。

（四）建立大数据考核机制，使员工实现自我管理

基于大数据技术，企业可以构建一套完整的评价体系，这对员工进行自我管理非常重要。一方面，企业不用专门派人对员工进行考核，可以节约人力成本；另一方面，企业在大数据的基础上构建的考核体系，通常可以更加客观、精准地反映出员工的状况，以及他们对企业作出的贡献等，有助于管理者发掘优秀的人才，从而为企业的长期发展做好规划。[1]这种考核制度可以达到一箭双雕的效果，既能节省大量的人力资源成本，又能提高工作人员的工作效能。

（五）充分应用信息化管理手段

在当前信息技术迅猛发展的背景下，充分应用信息化管理手段成为企

---

[1] 林美霞. 大数据时代的企业成本管理创新 [J]. 财富时代，2024（3）：91-93.

业提高成本控制水平的重要途径。在成本管理过程中，企业可以依托信息技术构建完善的管理体系，根据实际情况和具体需求，整合各部门的工作流程，形成一个高效的财务信息系统。该系统要能够收集、整合和分析各类成本数据，生成清晰的成本信息表，便于相关人员进行信息收集和成本管理。信息化技术的应用有助于加强成本管理和支出信息的实时交流，使管理者能够及时掌握内部成本状况，从而对成本较高的环节进行有效干预，避免过度支出和资源浪费。通过建立健全的信息化体系，企业可以最大限度地发挥成本管理的优势，提高整体管理效率。因此，信息化管理手段的充分应用为强化成本管理提供了坚实的技术支撑，可以优化管理流程，提高管理效率。

（六）建立成本监督体系

建立成本监督体系是提高成本管理水平的重要举措。一个有效的成本监督体系能够确保各项成本活动透明化、规范化，防止资源浪费和不必要的支出，促进整体运营效率的提高。首先，成本监督体系应明确监督的目标和范围，涵盖所有与成本相关的活动和环节，包括采购、生产、销售、物流等。其中，制定详细的成本标准和考核指标，可以确保成本管理的规范性和合理性。其次，成本监督体系需要建立健全的信息采集和反馈机制，可以通过财务信息系统、企业资源计划系统等信息化工具，实时采集和分析各部门的成本数据，形成完整的成本监控网络。数据分析结果应定期向管理层报告，确保管理者及时掌握成本变动情况，识别潜在问题，并采取相应的纠正措施。再次，设立独立的审计和监督部门，对成本数据进行定期审核和检查，确保各项成本活动符合既定的规范和标准。最后，成本监督体系应注重员工的成本意识教育和培训，引导各层级员工积极参与成本控制和监督。例如，通过定期开展成本管理培训、成本分析讨论会等活动，提高员工对成本控制的认知和重视程度，形成全员参与的成本监督文化，从而有效实现成本管理目标。

三、使用大数据技术进行成本结构分析和成本效益评估

（一）引入大数据技术进行成本结构分析

引入大数据技术进行成本结构分析，是优化成本管理、提高资源利用效率的关键手段。大数据技术能够实时收集和整合各种数据源的信息，包括市场动态、生产流程、供应链管理等各个环节，形成全面而准确的成本数据库。在此基础上，通过数据挖掘和分析技术，企业可以找出成本构成中的关键要素和潜在问题，进而找出成本上升或资源浪费的根本原因。

大数据技术不仅能帮助企业准确地评估各项成本要素的实际贡献，还能为成本预测和优化提供数据支持。通过对历史成本数据和现状的深度分析，企业能够预测未来可能的成本变化趋势，并制定相应的成本控制策略。与此同时，基于大数据的分析结果，企业可以进行成本结构的动态调整，使资源配置更加合理，最大限度地提高效率。大数据技术还为监控和评估成本管理效果提供了有力工具，利用实时数据分析，企业可以及时发现偏差，快速响应，确保成本控制措施的有效性，从而在复杂多变的环境中保持竞争优势。

（二）细化成本要素，提高数据分析精度

细化成本要素并提高数据分析精度，是实现精细化成本管理的核心策略。通过细化成本要素，企业可以将成本分解为更加具体的分类和项目，如材料费用、人工成本、设备维护费用等，使每个成本类别的来源和变化趋势更加透明。这种细化有助于企业深入了解每一项支出的具体构成，识别潜在的成本浪费点或效率提高机会。提高数据分析精度则依赖于对细化数据的全面收集和精准处理，借助大数据技术和先进的数据分析工具，企业可以在更大范围和更细的颗粒度上分析成本要素，找出各要素之间的关联和影响。更高精度的数据分析能够更准确地预测未来的成本趋势，帮助企业制定更加精准的成本控制措施，有效优化资源配置，提高运营效率，

从而实现成本效益的最大化。通过这些方法，管理者可以作出更明智的决策，推动整体绩效的提高。

（三）构建基于大数据的成本效益评估模型

构建基于大数据的成本效益评估模型，是提高成本管理和决策科学性的关键步骤。大数据技术能够综合收集来自生产、采购、销售、物流等各环节的大量数据，形成一个全面的数据集。在此基础上，企业可以建立成本效益评估模型，通过机器学习和数据挖掘技术，分析各种成本投入与其产生的效益之间的关系，揭示隐藏的规律和趋势。该模型可以实时监控各项成本支出的效果，量化成本投入与业务绩效的关联度，从而帮助企业识别最具成本效益的活动和流程。同时，通过对历史数据和现状的对比分析，企业可以预测未来成本和效益的变化趋势，优化资源配置策略，减少不必要的支出。借助这一模型，管理者能够迅速调整成本结构，确保每一笔投入都能最大化地转化为效益，从而提高整体运营效率和竞争力。

（四）实现动态成本效益监测与调整

实现动态成本效益监测与调整，是确保成本管理灵活性和有效性的核心手段。通过构建实时数据采集和分析系统，企业可以对各项成本投入和相应效益进行持续监测，及时发现偏差和异常情况。动态成本效益监测能够捕捉到成本变化的细微趋势，帮助管理者快速识别出可能影响成本效益的因素。

在动态成本效益监测的基础上，进行灵活调整成为关键。借助大数据分析和人工智能技术，企业可以自动化地对成本和效益进行比对分析，制定相应的优化策略。例如，调整不合理的资源配置、优化生产流程，或重新评估供应链合作伙伴的绩效等。通过持续的监测和实时调整，企业不仅能有效减少成本浪费，还能提高资源利用效率，从而取得更高的经济效益。

第二章 大数据时代成本风险管理创新与实践路径

第一节 成本风险管理简述

一、成本风险的定义

成本风险是指在特定时间内影响成本变化趋势和方向的各种因素的综合体现。它反映了成本结构的动态变化，以及这些变化背后的驱动因素和市场环境的变化。成本风险的分析旨在识别和理解成本上升或下降的主要原因，从而帮助管理者制定更为科学的成本控制策略。在实际应用中，成本风险通常涉及多种内外部因素的综合影响，如原材料价格波动、生产效率变化、政策法规调整、技术创新及市场竞争状况等。内部因素包括生产流程的改进、资源利用效率的提高、固定成本的调整等；外部因素涉及市场需求的变化、供应链中断、外汇汇率波动、关税变化等。在不同的环境下，内外部因素可能单独或共同作用于成本，使其朝着不同的方向变化。

通过对成本风险的监测和分析，管理者可以更好地预判成本变动趋势，并采取相应的应对措施，如调整生产计划、优化供应链管理、改进产品设计等，从而确保成本管理的有效性。有效的成本风险分析不仅有助于降低成本风险，还能为企业的长期战略规划提供数据支持和决策依据。

成本是为获得资产而支付的代价，也可视为费用的具体表现形式。成本可分为两类：已消耗的资产和未消耗的资产。某项支出既可以被视为成本，也可以被认定为费用或损失，这取决于该支出在特定情境中的使用情况和其对经济利益的影响。从管理角度看，成本的对象不仅限于产品，还可以包括客户、部门、项目、作业等。为了满足不同的管理需求，产品成本可以划分为三个不同的层次，以更精确地反映各项管理活动中的成本构成和分布。三个层次的具体内容如下所述。

（一）传统的产品成本观

传统的产品成本观主要聚焦于产品生产过程中直接涉及的成本，包括材料成本、人工成本和制造费用。此观念下，成本管理的核心是控制和降低这些显性成本，通过提高生产效率、减少浪费和优化资源配置来实现利润最大化。传统成本观强调成本的可计量性，通常依赖于标准成本法和变动成本法等方法，力求准确计算出单位产品的成本，为定价和财务决策提供基础数据。

然而，这种成本观在面对复杂的市场环境和多样化的客户需求时，表现出一定的局限性。它往往忽略了与产品相关的间接成本，如研发费用、营销费用、售后服务成本等，但这些成本在现代生产和服务环境中的作用越来越重要。因此，传统的产品成本观虽然有助于短期成本控制，但难以应对市场动态变化和多元化发展需求，迫切需要向更全面的成本管理理念转变，以更好地支持长期战略决策和价值创造。

（二）经营性产品成本观

产品成本的概念已超越了传统范畴，涵盖了更广泛的成本要素，除了生产过程中直接涉及的成本，如材料成本、人工成本和制造费用，还包括为客户提供服务所产生的一系列成本。这些额外的成本包括三类：产品营销成本，即企业在推广和销售产品过程中所需投入的广告费用、促销费用等；产品配送成本，指产品从生产地点到客户手中所涉及的运输、仓储和物流管理费用；服务成本，如售后服务、客户支持和维护费用等。

这种扩展的成本观念提供了一个更全面的视角，能够更准确地反映产品在整个生命周期中的真实成本，不仅有助于企业进行战略性产品设计决策，还能够支持战术性的盈利分析，为决策者提供更加丰富的数据基础。通过全面分析所有相关成本因素，企业能够优化产品组合，准确评估市场策略的效果，最大化产品的市场竞争力和整体盈利能力，从而更好地实现其战略目标。

（三）价值链产品成本观

价值链产品成本观不仅关注产品在生产环节的成本，还涵盖从产品设计、原材料采购、生产制造、物流配送到市场销售和售后服务的整个价值创造过程中的所有成本。这种成本观将产品视为一个整体价值链中的组成部分，认为每一个环节都会对最终的产品成本和企业利润产生重要影响。通过价值链产品成本观，管理者可以识别并分析各个环节中的成本驱动因素，从而优化资源配置，减少非增值活动带来的浪费。例如，在产品设计阶段，可以选择更具成本效益的材料和工艺，显著降低后续生产制造和维护的成本；在供应链管理中，优化供应商选择和库存管理，能够有效减少采购和存储成本；在销售和售后服务阶段，可以通过精细化的客户关系管理和高效的物流配送来进一步降低成本并提高客户满意度。

这种全方位的成本管理方式，有助于企业更清晰地理解产品的全生命周期成本结构，为战略决策提供有力支持。它不仅促进了成本的有效控制，还增强了企业的竞争优势，使企业能够在市场中更灵活地应对各种挑战和变化，同时实现长期的价值创造和可持续发展。

二、成本风险的控制

企业成本风险从管理角度来看分为以下两种，管理者可从这两个方面进行控制。

（一）产品成本核算方面的风险或成本信息扭曲风险

不准确的产品成本核算会导致成本信息失真，进而对管理决策产生负面影响，甚至误导决策方向，如影响产品定价和产品组合策略等。成本实际上是费用的具体体现，因此需要根据不同的管理需求，核算出不同层次的成本。然而，许多财务管理人员往往仅熟悉传统的产品成本核算方式，对于如何计算经营性产品成本和价值链产品成本及其在实际决策中的应用价值了解甚少。随着我国市场化进程的加快，产品定价与企业经营的关系变得越来越密切。[①] 在这样的背景下，为了更好地支持企业在定价决策、产品组合策略和战略盈利分析方面的需求，有必要在各个层面上准确计算产品成本。这要求财务管理者重视成本信息失真带来的风险，提高对各种成本核算方法的理解和应用能力，以确保管理决策的科学性和有效性，增强企业在市场竞争中的优势地位。

（二）成本上升甚至失控的风险

在日益激烈的市场竞争中，如果无法有效识别成本形成过程中的各类风险，尤其是价值链成本风险，就难以取得成功。管理者需突破传统成本控制思路，强化成本预测，聚焦关键领域，从战略高度出发，在战略、运营和控制层面采取多种措施，应对成本上升甚至失控风险。只有这样，才能确保在复杂的市场环境中实现稳健经营与长远发展。

三、成本风险管理的目标

成本风险管理的目标是指通过系统化的方法识别、评估和控制与成本相关的各种风险，以确保企业能够在成本可控的前提下实现其战略目标和业务计划。

首先，成本风险管理旨在有效识别和预测潜在的成本风险来源，这些

---

① 侯晓菲. 从风险管理的角度谈企业成本管理创新 [J]. 活力，2024，42（1）：145-147.

风险可能包括原材料价格波动、供应链中断、生产效率降低、法规政策变化等多种因素。通过全面的风险识别和评估，企业可以及早发现可能影响成本的隐患，防止突发性事件对财务健康和运营效率造成负面影响。其次，成本风险管理的目标是优化资源配置，减少不必要的成本支出。通过分析不同风险因素对成本的影响程度，管理者可以制定相应的应对策略，调整资源分配，最大化地降低成本风险带来的损失。例如，采取多元化采购策略、优化库存管理、提高生产过程的效率等。最后，成本风险管理关注决策的科学性和有效性。通过准确的数据分析和风险评估，管理层能作出更具前瞻性和合理性的决策，确保在各种不确定性条件下保持竞争优势和财务稳定。

四、成本风险的分类

成本风险通常分为以下几种类型，用以明确不同风险的管理和控制方法。

（一）经营风险

经营风险的识别是指在运行过程中，系统地识别和分析可能影响目标实现的各种不确定性因素。经营风险的识别通常包括外部风险识别和内部风险识别。外部风险的识别涉及宏观经济环境、行业竞争、市场需求变化、法律法规调整，以及政治和社会环境等，通过分析这些外部条件的变化，企业可以预见潜在的风险来源，如经济衰退导致的需求下降、新法规增加的合规成本、竞争对手策略的变化等。内部风险的识别则侧重于组织内部的运营管理环节，包括生产过程中的质量控制、供应链管理中的供应中断、信息系统的安全性、人员管理中的人才流失，以及财务管理中的现金流问题等，往往缘于管理失误、系统漏洞、资源配置不合理或执行不力等。

有效的经营风险识别依赖于多种风险评估工具和方法，如态势分析（SWOT）、宏观环境分析（PEST）、关键风险指标、专家评审和历史数据分析等。这些方法可以帮助企业明确风险的类型、来源及其可能产生的影响，为进一步的风险管理和应对策略提供可靠依据。

（二）财务风险

财务风险是指在经营过程中，由于内部因素或外部因素的变化，可能导致财务状况恶化、盈利能力下降或陷入财务困境的风险。这类风险涉及多个方面，如债务负担过重、资本结构不合理、外汇汇率波动、利率变化和信用风险等。例如，资金结构不合理可能会引发债务偿还问题，外汇汇率波动会影响成本和收益，利率变化可能会增加融资成本并压缩利润空间。

财务风险不仅影响短期财务健康，还会对长期发展和持续经营能力产生深远影响。为此，有效的财务风险管理非常重要。通过建立健全的财务管理体系、优化资本结构、加强风险监控与预测、合理配置资源等方法，企业可以有效应对财务风险，确保财务稳定性和经营的可持续性。

（三）合规风险

合规风险是指在运营过程中，由于未能遵守相关法律法规、行业标准、内部政策或监管要求，导致面临法律制裁、经济损失或声誉受损的风险。这种风险的来源十分广泛，涵盖多个领域的法规和政策，如环境保护法规、财务披露规定、反垄断法及数据隐私保护等。此外，员工不当行为、管理层决策失误或内部控制不足也会产生合规风险。

有效的合规风险管理需要建立完善的合规管理体系，包括制定和执行合规政策、加强员工培训、定期进行内部审计和合规检查，并设立专门的合规管理部门。通过主动识别和评估合规风险，企业可以及时采取预防措施，避免法律纠纷和罚款，保障财务安全和市场声誉。良好的合规管理不仅有助于提高企业信任度和竞争力，还为企业长期的可持续发展提供了坚实的基础。

第二节　智能化成本风险管理的创新与实践路径

一、智能化成本风险管理的重要性

（一）提高成本管理的精准性和效率

传统的成本风险管理通常依赖于历史数据和财务报表，但这些数据往往存在滞后性，不能及时反映当前的成本风险状况。而智能化成本风险管理通过大数据分析和机器学习算法，能够实时处理和分析来自不同部门和业务环节的数据，提供更加精准的成本风险评估。这种实时分析能力，使企业可以迅速调整成本策略，优化资源配置，从而提高运营效率并降低成本。

（二）实现全面的风险识别与预警

在智能化管理体系中，企业能够建立自动化的成本监控系统，通过设定关键绩效指标和关键风险指标，实现对成本风险的实时监控和预警。例如，当某一成本指标异常波动或超过预设的阈值时，系统可以自动发出警报，提醒管理层采取措施。这种机制能够显著提高风险识别的速度和准确性，有效防止风险的积累和扩大，为企业赢得宝贵的反应时间。

（三）增强企业的决策支持能力

智能化成本风险管理不局限于成本控制，还能够为企业的战略决策提供重要支持。通过对大量数据的挖掘和分析，企业能够深入了解成本结构的变化规律、不同业务单元的成本效益情况以及各个环节的成本贡献度。这些数据为管理层提供了科学的决策依据，使其能够更准确地进行成本分摊、价格决策和资源优化配置，从而提高企业的整体竞争力。例如，企业可以基于智能化分析结果调整产品策略、优化供应链流程，以最大限度地减少成本支出。

（四）提高企业的风险抵御能力

在全球市场环境日益复杂多变的情况下，企业面临的风险种类不断增加。智能化成本风险管理能够整合来自内部和外部的多维度数据，通过高级算法和预测模型，识别潜在的成本风险因素，如原材料价格波动、汇率变化、政策变动等。通过对这些风险因素的早期识别和分析，企业可以预先制订应对方案，如锁定采购价格、调整库存策略或重新规划供应链，从而有效降低风险的影响，增强企业抗风险能力。

（五）提高管理透明度和合规性

智能化成本风险管理依托于透明的数据和智能化的流程控制，有助于提高企业内部的管理透明度和合规性。例如，通过区块链技术，企业能够确保成本数据的透明化和不可篡改性，防止数据造假和舞弊行为。同时，智能化系统能够自动记录和分析成本相关活动的合规性，确保企业遵守各项法律法规和行业标准，降低潜在的法律风险和合规风险。

（六）推动可持续发展

智能化成本风险管理不仅有助于当前成本的有效控制，还能够为企业的长期可持续发展提供支持。通过数据驱动的决策和高效的成本管理，企业可以更好地利用资源、减少浪费，提高整体运营效率。智能化成本管理还可以帮助企业实现绿色运营目标，通过精细化的能源管理和材料使用优化，减少碳足迹和环境影响，符合全球可持续发展的趋势。

二、智能化成本风险管理的创新方向

（一）数据驱动的风险识别与预测

1. 应用大数据和机器学习技术

在当前数字化转型和智能化发展的潮流下，大数据技术和机器学习技术的应用正在重塑成本风险管理方式。大数据技术通过采集、存储和分析海量的结构化和非结构化数据，能够更全面、实时地掌握成本相关信息。大数据技术不仅能够快速处理来自不同部门和业务系统的多源数据，还能揭示数据之间的复杂关联，为企业提供更加准确和全面的成本风险分析。

机器学习技术作为大数据分析的核心工具，能够在庞大的数据集中自动发现规律和模式，特别是在识别潜在风险和进行成本预测方面具有显著优势。例如，机器学习算法通过建立自适应的预测模型，可以学习和分析历史数据中的变化趋势，实时预测未来可能发生的成本风险，如原材料价格波动、供应链中断或市场需求变化等。这种预测能力使得企业能够提前识别风险并采取相应的预防措施，从而降低成本超支和资源浪费的可能性。

大数据技术和机器学习技术还支持实现智能化的决策支持。例如，通过分析消费者行为数据和市场动态，企业可以优化生产计划和库存管理，减少运营成本。同时，基于对供应商数据的分析，企业可以选择更具成本效益的供应商，优化采购策略和供应链管理。企业利用大数据技术和机器学习技术，不仅能够更高效地进行成本风险识别和管理，还能提高决策的科学性和精准度，从而在竞争激烈的市场中保持成本优势和竞争力。随着技术的不断进步，这些智能化工具将在未来的成本管理中发挥越来越重要的作用。

2. 建立动态成本风险预测模型

动态成本风险预测模型是基于实时数据和算法分析，对成本因素进行持续跟踪和预测，以识别和量化潜在风险的系统。与传统的静态成本风险预测方法不同，动态模型能够及时响应内外部环境的变化，通过不断更新和调整预测结果，帮助企业更好地掌握成本变化趋势和潜在的风险来源。动态成本风险预测模型不仅能够帮助企业识别潜在的成本风险，还能通过前瞻性分析，为企业决策提供数据支持，提高企业应对成本波动的敏捷性和适应性。建立动态成本风险预测模型的重要性体现在以下几个方面。

（1）增强应变能力。在高度动态的市场环境中，快速有效的应变能力是竞争力的核心。通过动态成本风险预测模型，企业能够及时识别和量化成本风险，迅速采取应对措施，从而减少不确定性带来的负面影响。

（2）提高决策质量。动态成本风险预测模型通过整合内部运营数据和外部市场信息，提供更为全面的风险预测分析。这种数据驱动的决策支持系统有助于提高管理层的决策质量，优化资源配置。

（3）降低运营成本。通过提前识别成本风险并制定相应的应对策略，企业能够避免潜在的成本超支和损失，从而实现成本节约和风险控制双重目标。

（二）自动化成本监控与预警系统

1. 实时成本监控系统的关键技术

（1）大数据分析。大数据技术可以收集和整合来自不同来源的数据，如生产数据、采购数据、财务数据等，而实时成本监控系统需要大量的数据和对数据的分析力，通过数据挖掘和分析，可以识别成本变化的关键因素和趋势。

（2）物联网技术。物联网技术可用于实时监控生产设备和其他运营资源的状态。例如，通过传感器和智能设备采集生产过程中的能源消耗、设备运行状态等数据，系统可以实时分析这些数据以发现异常，从而帮助企业及时采取行动，减少不必要的成本开支。

（3）云计算。云计算为实时成本监控系统提供了强大的计算能力和数据存储能力。云平台可以大规模并行处理海量数据，确保系统在高负荷运行时性能稳定，同时可以降低企业的信息（IT）技术基础设施成本。

（4）人工智能与机器学习算法。人工智能和机器学习算法可用于分析历史数据，识别模式和趋势，预测未来成本变化，为企业提供更为精准的成本控制建议。例如，利用机器学习模型，企业可以预测供应链中断的风险，从而调整采购策略，控制材料成本。

2. 实时成本监控系统的实施步骤

（1）确定需求和目标。明确的目标有助于后续系统的设计和开发。企业要先明确实施实时成本监控系统的目标和具体需求，如希望降低生产成本、提高采购效率或优化供应链管理。

（2）数据收集和整理。建立数据采集机制，确保所有相关的成本数据能够被实时收集和整理，包括从生产设备、库存管理系统、采购系统，以及其他相关业务部门获取数据，并确保数据的准确性和一致性。

（3）选择合适的技术平台和工具。根据企业的具体需求和数据特点，选择合适的技术平台和工具，如大数据分析平台、云计算服务、物联网设备和传感器等。同时，确保这些技术平台和工具能够无缝集成到现有的信息系统中。

（4）开发和测试系统。根据需求设计并开发实时成本监控系统，系统应包括数据采集模块、数据分析模块、异常检测模块、报告生成模块等。开发完成后，要进行全面的测试和调试，确保系统在各种环境下的稳定性和可靠性。

（5）培训与上线。对相关员工进行系统操作培训，确保他们能够熟练使用系统。系统上线后，要持续监控其运行情况，及时发现并解决可能存在的问题。

（6）持续优化与改进。实时成本监控系统的实施不是一次性工作，而是一个持续优化的过程。企业应根据实际运行情况，不断优化系统功能和性能，调整监控指标，提高系统的使用效果。

3. 实时成本监控系统的应用场景

（1）制造业生产成本控制。在制造业中，实时成本监控系统可以帮助企业跟踪和控制生产过程中的各项成本，包括原材料消耗、能源成本、设备维护成本等。通过实时监控和分析，企业可以及时发现生产过程中的异常和浪费，采取相应措施降低成本。

（2）供应链成本管理。供应链的成本管理是企业成本控制的重要组成部分。实时成本监控系统能够帮助企业实时跟踪供应商的供货情况、库存状态、物流成本等，优化采购和库存策略，降低供应链中断和库存积压带来的成本风险。

（3）项目成本管理。对于以项目为主的企业，如建筑、工程和IT服务公司，实时成本监控系统可以帮助项目经理实时了解项目各项成本的使用情况，及时发现超支风险，并快速调整资源配置，确保项目在预算内完成。

（三）基于区块链的成本透明化管理

1. 提高成本数据透明度

区块链技术是分布式账本技术的一种，它通过去中心化的方式实现数据的安全、透明和不可篡改。每一个区块都包含了一定时间内的所有交易信息，通过加密算法链接在一起形成一个链条。区块链技术的核心优势如下。

（1）数据透明性和可追溯性。区块链上的所有数据都对所有参与者公开，并可通过加密技术保护隐私。每笔交易的细节都可以追溯到源头，确保数据的真实性和完整性。

（2）不可篡改性。一旦数据被写入区块链，就不能被修改或删除。这个特性能够有效防止数据篡改和欺诈行为，提高数据的可信度。

（3）去中心化。区块链通过分布式网络实现数据存储和管理，无须依赖于单一的中央机构，减少了数据泄露和人为错误的风险。

2. 确保数据的不可篡改性和安全性

在数字化经济快速发展的背景下，数据已成为一个企业的核心资产之一。然而，黑客攻击、数据泄露、内部滥用等安全事件屡见不鲜，这些事件不仅威胁到企业的正常运营，还可能导致严重的经济损失。因此，确保数据的不可篡改性和安全性已成为信息管理和风险防控的首要任务。企业需要引入一系列先进的技术和方法，以建立健全数据保护机制。

（1）数据不可篡改性和安全性的定义。数据不可篡改性是指一旦数据被创建或存储后，其内容就不能被未经授权地修改或删除。这个特性确保了数据的完整性和真实性，能够防止恶意篡改或人为失误引起的数据变更。数据安全性是指保护数据免受未经授权的访问、使用、披露、破坏或修改。它包含数据的机密性、完整性和可用性三个方面。

（2）确保数据不可篡改性和安全性对于企业的重要意义。

①维护数据的完整性和可靠性。数据作为决策支持的基础，必须具有高度的可信度。不可篡改性能够确保数据从生成到使用过程中的完整性和可靠性，防止错误和欺诈。

②保障企业合规性。许多行业和地区都有严格的数据保护法规，要求企业对其数据采取适当的保护措施。确保数据的不可篡改性和安全性有助于企业满足法律法规的要求，避免法律风险。

③提高客户和合作伙伴的信任度。当企业能够有效保护其数据的安全性和不可篡改性时，客户和合作伙伴的信任度将会提高，从而有助于建立更稳固的商业关系。

（3）确保数据不可篡改性和安全性的关键技术。

①数字签名与加密技术。数字签名是一种使用公钥加密技术验证数据真实性和完整性的方法。数据创建者使用私钥对数据进行签名，任何接收方都可以使用相应的公钥来验证数据是否被篡改过。结合数据加密技术，企业可以确保数据在传输和存储过程中的机密性，防止数据被窃取和篡改。

②哈希算法。哈希算法是一种将任意长度的数据转换为固定长度的哈希值的算法。将数据进行哈希处理可生成唯一的哈希值，一旦数据发生变化，其哈希值也会发生改变。因此，哈希值可用于检测数据是否被篡改，常见的哈希算法包括 SHA-256、MD5 等。

③零知识证明。零知识证明是一种在不泄露任何额外信息的情况下，证明数据真实性的方法。它使数据所有者在不披露数据本身的前提下，向验证者证明其持有的数据是有效的。这种方法在保护隐私的同时，确保了

数据的不可篡改性，广泛应用于金融、身份认证等领域。

④访问控制与审计跟踪。访问控制是确保数据安全性的基础措施之一，通过设定权限，严格限制哪些人或系统可以访问和修改数据。结合审计跟踪技术，可以记录所有对数据的访问和修改操作，并生成日志，便于后续审计和追责。典型的访问控制方法包括基于角色的访问控制和基于属性的访问控制。

（4）确保数据不可篡改性和安全性的最佳实践。

①建立全面的数据安全策略。应制定全面的数据安全策略，明确数据分类、风险评估、保护措施和应急响应等内容。策略应涵盖所有类型的数据（静态、动态和传输中的数据），并定期进行更新和审查，确保其与最新的安全法规要求相符。

②实施数据加密和多重认证措施。所有敏感数据在存储和传输过程中都应进行加密，企业应采用强加密算法（如 AES-256）来保护数据安全。同时，应实施多重认证（MFA）措施，特别是在访问重要数据时，要增加一层安全防护。

③部署区块链和数字签名技术。企业可以考虑将区块链技术应用于需要高度可信数据记录的领域，如财务交易、合同管理和合规性数据；将数字签名技术应用于所有需要确保数据完整性和真实性的场景，如电子邮件通信、文档签署和数据共享。

④定期进行安全审计和漏洞检测。企业应建立常规的安全审计和漏洞检测机制，确保所有系统和应用程序的安全性，同时通过定期检查，识别和修复潜在的安全漏洞，确保数据不可篡改性和安全性得到最大限度的保障。

⑤加强员工安全意识教育和培训。数据安全不仅仅是技术问题，还涉及人的因素。企业应定期开展安全意识培训，帮助员工理解和遵循数据安全政策和最佳实践，防止因人为疏忽导致的数据泄露和篡改风险。

三、智能化成本风险管理的实践路径

（一）建立智能化成本管理平台

1. 在平台进行资源与数据的整合

整合资源和数据在财务管理中扮演着至关重要的角色，尤其是在数字经济时代，整合资源和数据不仅有助于提高企业的运营效率，还可以为企业的战略决策提供有力的支持。在数字化转型的大背景下，整合资源和数据的能力将直接影响企业的竞争力和可持续发展。

（1）整合资源和数据的定义。整合资源是指通过合理配置和高效利用内部和外部的各类资源和数据，达到优化资源配置、降低成本、提高绩效的目的。

（2）整合资源和数据的意义。

①提高竞争力。通过有效的资源整合，企业能够快速响应市场变化，灵活调整生产和服务策略，从而提升市场竞争力。整合资源和数据能够更好地利用现有资源，如人力、物力、财力等，实现资源的最优配置，减少浪费和冗余。

②降低运营成本。资源整合能够显著降低运营成本。例如，通过整合供应链资源，企业可以优化采购流程，降低库存水平和物流成本。同时，通过整合内部资源，如共享服务中心和信息系统，企业可以减少重复工作，提高运营效率。

③增强协同效应。整合资源和数据可以增强企业内部各部门之间的协同效应。通过跨部门的资源整合，企业可以提高生产效率、优化工作流程，从而实现更高的整体绩效。此外，通过与外部合作伙伴的资源整合，企业可以利用外部的专业知识和技术，增加自身的竞争优势。

（3）整合资源和数据在实施过程中面临的挑战。

①资源冲突和利益平衡。在资源整合的过程中，不同部门或合作伙伴之间可能会出现资源争夺或利益冲突。如何在资源整合过程中实现各方利

益的平衡，是一个亟待解决的问题。

②资源整合的成本和风险。整合资源和数据需要投入大量的时间和资金，而且伴随一定的风险。整合过程中可能出现资源浪费、效率降低等问题，因此企业需要对整合成本和风险进行充分评估和管理。

③文化和管理模式的融合。资源整合往往面临文化差异和管理模式的挑战。如何在整合资源和数据的过程中实现文化融合和管理模式的统一，是企业需要面对的难题。

（4）整合资源和数据的实施策略。为了有效整合资源和数据，企业需要采取一系列策略。

①制定资源整合计划和目标。企业需要先明确整合的目标和计划，包括要整合哪些资源和数据、如何整合以及整合后的预期效果。整合计划应包括详细的时间表、预算、责任分配等，以确保整合过程有序进行。

②建立跨部门协作机制。整合资源和数据需要各部门的协同合作，因此，企业应建立有效的跨部门协作机制。可以通过设立整合项目小组，明确各部门的职责和任务，确保整合工作顺利推进。

③选择合适的技术和工具。例如，数据整合需要借助先进的技术和工具，如数据管理平台、数据分析软件等。企业应根据自身需求和实际情况，选择适合的数据整合技术和工具，并做好相关的技术培训和支持工作。

④加强数据质量管理。例如，数据质量是数据整合的基础，企业应建立严格的数据质量管理机制，包括数据标准化、数据清洗和数据验证等，以确保数据的准确性和一致性。

⑤强化数据安全和隐私保护。例如，在数据整合过程中，企业应严格遵循相关法律法规，采取必要的安全措施，如数据加密、访问控制等，保护数据的隐私和安全。

2. 平台推动跨部门协作和信息共享

推动跨部门协作和信息共享在现代成本管理中至关重要，是提高整体效能和竞争力的关键因素。随着规模的扩大和市场环境的复杂化，各部门之间的工作相互依存程度不断加深，推动跨部门协作和信息共享有助于打破这种局限，实现信息流通的无缝化和高效化。

跨部门协作可以整合不同部门的专业知识和资源，提高决策的科学性和执行的有效性。通过协同工作，各部门能够共享彼此的信息和见解，从而更全面地理解问题和机会。例如，在新产品开发过程中，研发、市场、供应链和财务部门的紧密协作能够缩短产品上市时间，降低成本，提高市场反应速度。同时，信息共享可以减少因信息不对称带来的重复工作和资源浪费，使各部门在共同的目标下高效运作。

推动信息共享可以增强企业的创新能力。不同部门的员工拥有各自独特的视角和技能，通过信息的开放和交流，能够激发创意碰撞和知识互补，促进跨领域创新。例如，市场部门获取的用户反馈和趋势数据可以为设计团队提供有价值的参考，而技术部门的新技术研究成果也能够支持市场部门开发更具竞争力的产品。

建立开放的沟通渠道和信息共享平台，是推动跨部门协作的基础。企业应营造一种透明、信任的文化氛围，利用数字化工具和平台，如社交网络、协同办公软件和数据共享系统，确保信息在不同部门之间的快速流动和共享。通过这种方式，企业不仅能够提高整体运作效率，还能够更灵活地应对外部变化，实现持续的增长和成功。

（二）优化成本管理流程

1. 利用机器人流程自动化（RPA）优化成本管理流程

利用 RPA 优化成本管理流程是实现数字化转型和提高运营效率的有效手段。RPA 通过软件机器人自动执行基于规则的重复性任务，能够显著减少人工操作的时间，并降低错误率，为流程优化提供强大的支持。

RPA 通过自动化重复性任务能够提高效率，减少人工操作的工作量，使员工能够将更多时间和精力投入更具创造性和战略性的工作中。例如，财务部门可以利用 RPA 自动化处理发票录入和对账流程，显著提高工作效率和准确性。

RPA 在流程改进中具有高度灵活性和可扩展性，它可以集成到现有的系统和应用程序中，快速部署并适应不同的业务场景。RPA 机器人可以根据企业的需要在不同部门和功能中进行应用，如客户服务、供应链管理、人力资源等，覆盖从数据录入到报告生成的各类流程。这种灵活性使企业能够根据业务需求快速调整和优化流程，从而增强了企业的敏捷性和响应能力。

RPA 有助于提高合规性和风险控制。在运营中，合规性和风险控制是至关重要的环节。RPA 可以在执行过程中自动生成操作日志和审计轨迹，确保所有流程都符合既定的标准和法规。这种透明度有助于企业实现更好的风险控制，并减少因人为失误导致的合规风险。例如，在金融行业，RPA 可以自动化反洗钱监控和客户尽职调查流程，确保行业严格遵守监管要求。

RPA 并不仅仅是简单的任务自动化工具，它也为流程改进提供了数据驱动的洞察。通过持续监控和分析自动化流程的数据，企业可以识别出流程中的瓶颈和效率低下的环节，为进一步优化和改进提供依据。例如，RPA 可以帮助企业分析交易处理时间，发现延迟和错误的根本原因，从而有针对性地进行流程再造。

2. 实现人工智能（AI）辅助的决策支持

随着大数据、云计算和机器学习等技术的快速发展，AI 技术正在从简单的数据分析工具转变为复杂的决策支持系统，可帮助管理者在面对大量不确定性和复杂性时做出更明智和更有效的决策。

AI 辅助的决策支持通过数据驱动的方式大幅提高决策的科学性和精准度，发现隐藏在数据中的模式和趋势，为管理者提供全面而深入的洞察。例如，机器学习算法可以通过分析历史销售数据和市场趋势，预测未来的需求变化和消费者行为，为企业的市场营销和产品开发提供决策支持。

AI 辅助的决策支持能够显著提高决策速度和效率。借助 AI 技术，企业可以快速处理和分析复杂的数据集，并据此提出建议。这种速度上的优势不仅能帮助企业更快地响应市场变化，还能帮助企业在瞬息万变的商业环境中抓住先机。例如，在金融行业，AI算法可以实时分析市场动态，预测股价变化，为投资者和金融机构提供快速的投资决策建议。

AI辅助的决策支持能够在决策过程中提供更高水平的定制化支持。不同的业务场景和决策需求往往具有其独特性，AI技术可以基于个性化的数据和条件，定制适合特定场景的决策模型。例如，通过自然语言处理（NLP）和深度学习技术，AI系统可以理解和分析用户的需求，自动生成与之匹配的决策建议。这种个性化的决策支持极大地提高了决策的相关性和有效性，尤其在客户关系管理、个性化营销和风险管理等领域中，具有显著的应用价值。

AI辅助的决策支持具有自学习和自优化的特性。AI系统通过机器学习技术，可以从每一次的决策和反馈中学习，不断优化其决策模型，提高决策的准确性和可靠性。例如，零售行业中的智能推荐系统，通过学习用户的购买行为和偏好，不断优化推荐算法，提高用户体验和销售转化率。

在实施AI辅助决策支持时，需要进行组织文化和管理模式的转变。AI技术的有效应用不仅仅依赖于技术本身，还需要人力资源、管理流程和决策机制的协同支持，需要提高管理者和员工对AI技术的认知，培养他们的数据思维和技术素养，并构建开放、合作的组织文化，为AI辅助决策提供良好的应用环境。

（三）持续提高管理人员的数据分析能力

1. 提高管理人员数据分析能力的必要性

提高管理人员数据分析能力在现代企业管理中显得尤为重要。随着大数据、人工智能等技术的发展，数据已成为企业最重要的战略资产之一。管理者的决策能力与数据分析能力紧密相关，他们需要从海量数据中提取有用信息，支持企业的战略规划和运营决策。

（1）数据分析能力能够显著提高管理决策的科学性和精准度。管理者应具备数据分析能力，能够通过对市场数据、消费者行为、财务数据等多维数据的分析，发现潜在的趋势和规律，为决策提供坚实的事实依据。例如，在营销决策中，数据分析可以帮助管理者识别最有效的广告渠道、最具潜力的市场细分和最受欢迎的产品特征，从而优化资源配置，提高市场占有率。

（2）提高数据分析能力有助于管理人员更好地进行风险管理和控制。在经营中，风险无处不在，包括市场波动、政策变化、技术风险和运营风险等。通过数据分析，管理人员可以识别出潜在的风险因素，并进行定量评估，预测风险发生的概率及其可能的影响。这种前瞻性的风险管理方式，能够帮助企业提前制定应对策略，减少风险事件的负面影响。例如，在金融行业中，数据分析技术广泛应用于信用风险评估，通过对历史数据的挖掘和建模，管理者能够更准确地预测借款人违约的可能性，从而优化风险控制策略。

（3）数据分析能力对于提高竞争力至关重要。在当今的商业环境中，竞争优势越来越依赖其对数据的获取、分析和利用能力。管理者具备良好的数据分析能力，可以帮助他们在竞争中掌握更多的信息优势，快速响应市场变化，识别新的业务机会。例如，通过对消费者行为数据的分析，管理者可以提前预测市场趋势和消费者偏好，开发出更符合市场需求的新产品。同时，数据分析可以帮助企业优化供应链管理，降低成本，提高生产效率和客户满意度。

（4）数据分析能力能够促进管理者创新思维和变革意识的发展。数据分析不仅仅是一种技术工具，更是一种新的思维方式。管理者在数据分析过程中，需要不断提出问题、验证假设、分析结果，从而培养批判性思维和创新意识。特别是在数字化转型过程中，数据驱动的管理模式要求管理者具备更强的分析能力，以便更好地适应新的技术环境和市场需求。

2. 提高数据分析能力的核心内容

提高数据分析能力的核心内容主要包括技术技能、数据分析思维和工具使用的全面提高。在当今数据驱动的商业环境中，数据分析已成为关键的竞争力来源，管理人员和数据分析师需要掌握一系列的核心内容，以有效应对复杂的业务挑战。

基础的统计学知识和数据处理技能是数据分析能力的根基。熟练掌握统计方法、概率论、回归分析等基础理论，能够帮助分析人员更准确地理解和解读数据。与此同时，数据处理能力要求分析人员能够熟练使用各种数据管理工具和语言，以便高效地收集、清洗、整理和存储数据，为进一步的分析打下坚实基础。

数据可视化技术是提高数据分析能力的关键。数据可视化不仅能够更直观地呈现分析结果，还能帮助企业识别数据中的潜在模式和趋势。将数据转化为易于理解的图表和报告，有助于更有效地向决策者和团队成员传达数据洞察。

数据分析思维的培养是提高数据分析能力的核心。分析人员应具备敏锐的洞察力和批判性思维，能够通过数据分析发现问题、提出假设、验证假设，并制定相应的行动策略。这种思维能力能够帮助他们更好地应用分析工具，形成有效的商业决策支持。

更高阶的分析能力还包括对机器学习、预测分析等高级分析方法的掌握。这些方法可以帮助分析人员更深入地理解数据背后的复杂关系，进行更具前瞻性的分析和建模，支持企业在不确定性环境中作出更加明智的决策。

3. 有效提高管理者数据分析能力的策略

（1）定期开展数据分析培训。企业应为管理者制订系统的培训计划，涵盖基础数据分析概念、统计学原理、数据处理技巧及高阶数据分析方法等内容。培训应分为不同的阶段，即从基础入门到进阶提高，满足不同层次的管理者的学习需求。通过这些培训，管理者可以不断更新和提高他们的数据分析技能，从而具备应对不同数据分析场景的能力。

（2）鼓励实践学习和实际项目应用。管理者的学习不应停留在理论层面，而是需要在实践中不断应用和验证所学知识。企业可以通过设立数据分析项目或挑战，鼓励管理者亲自参与实际的业务分析工作，提高他们对数据分析工具和方法的熟练程度。在这些项目中，管理者能够通过实践积累经验，理解如何将数据转化为可操作的商业洞察，从而更加熟练地在实际工作中运用数据分析能力。

（3）引入数据分析专家指导和跨部门合作。企业可以邀请外部的数据分析专家定期进行培训和辅导，或聘请专职数据分析师作为内部顾问，提供持续的专业支持和建议。与此同时，为了促进跨部门合作，可以建立一个以数据为基础的协同工作环境，进一步提高管理者的数据分析能力。通过与数据分析师或其他技术人员的合作，管理者能够学到更多实际应用技巧，从而提高工作能力。

（4）提供先进的数据分析工具和技术支持。管理者的数据分析能力的提高离不开有效的工具支持，企业应配备和更新适合的分析工具及数据可视化工具，帮助管理者在日常工作中进行数据处理和分析。

（5）建立数据驱动的文化氛围。企业应鼓励员工在作决策时基于数据和事实，而不是仅凭直觉或经验，管理层应带头践行数据驱动决策，通过实际行动证明数据分析在决策中的重要性。这种文化氛围会激励管理者积极学习和应用数据分析技能，为企业的数据驱动决策树立榜样。

（6）建立有效的激励机制。企业可以通过设定明确的目标和评估指标来衡量管理者在数据分析能力上的进步和表现。例如，将数据分析应用情况纳入绩效考核体系，并根据数据分析成果提供奖励或晋升机会。这种激励机制能够促使管理者主动提高自己的数据分析能力，并在工作中更加积极地利用数据进行决策。

第三节　大数据时代成本风险管理的创新与实践案例

在大数据时代，成本风险管理的创新主要体现在利用数据分析和智能技术进行实时监控和预测。通过整合内部财务数据、市场动态、供应链信息等，企业可以构建数据驱动的风险评估模型。例如，某制造企业采用大数据平台，实时分析原材料价格波动和供应商交付能力，提前识别潜在成本风险。借助机器学习算法，该企业预测未来市场趋势，优化采购决策和库存管理，有效降低了成本波动带来的风险。这种创新实践提高了企业应对成本风险的灵活性和准确性，实现了更精细化的成本控制和更稳健的财务表现。

在大数据的支持下，企业的成本管理不再只是事后的分析，而是逐渐成为事前主动性的预测。特别是对于重视生产的污水处理企业来说，智能成本预警尤为重要。为探索污水处理企业智能成本预警的方案，本节以基于机器学习的 L 污水处理企业智能成本预警研究为例进行分析。

一、L 污水处理企业智能成本预警研究简述

随着我国经济的发展和污水处理行业市场化规模的扩大，污水处理成本呈上升趋势。同时，由于污水处理价格受到严格的监管和审批，成本管理与控制显得尤为重要。

在数字技术快速发展的背景下，海量、多元、高速增长的数据资源成为重要的生产要素和社会资源。《中国制造 2025》强调，利用数据驱动、人工智能等新一代技术实现跨领域、跨行业的协同创新，推动制造业的数字化与智能化转型。数字化转型通过数字技术对传统业务、流程、活动和管理方式进行改造和优化，以实现更高效、更灵活、更具创新性的运营模式。智能化则通过人工智能、大数据分析、自动化和机器学习等技术，对各个方面进行智能化改造和优化，从而提高业务效率、降低成本，增强创新能力和竞争力。

污水处理过程中会产生大量、多样的数据，如果继续依靠传统方法进行数据抓取、分析和存储，数据的价值将难以充分发挥。同时，成本管理与成本预警不应再依赖人工经验进行静态、滞后、有限的数据分析，应借助大数据、机器学习等新一代技术，对这些成本数据进行及时、动态的高

效利用和深度挖掘，从而赋能成本控制，为管理者提供智能化决策支持，帮助其制定合理的成本管理策略和应对措施。

在大数据时代，随着污水处理规模的扩大和运营复杂性的提高，如何有效管理和控制成本成为一项重要挑战，进而催生了成本预警的需求。由于污水处理工艺流程的复杂性，成本预警功能需要依靠智能化技术的支持，并需持续迭代优化。目前，大数据技术和机器学习技术的逐步成熟为智能成本预警提供了解决方案，有助于提高污水处理的经济效益和运营效率。为应对这些挑战，企业需要对现有的成本预警数据管理和查询模式进行改进，建立更加灵敏的污水处理成本预警机制，并进一步精细化维修成本预警，以提高管理的效率和准确性。

在当前数智化浪潮中，如何利用数字技术赋能实际应用场景，以满足智能成本预警的需求，并设计出精准、可行的智能成本预警方案成为关键问题。实现对成本预警数据的及时管理和查询，观察数据变化，并根据预警信息提供决策支持，能够帮助污水处理领域及时调整运营策略，降低成本风险，这对我国污水处理行业的发展具有重要意义。

二、智能成本预警

（一）智能成本预警的概念

智能成本预警是利用人工智能技术和数据分析方法对成本进行实时监控和预测，及时发现并解决潜在的成本问题，以提高经营效益和企业的竞争力。传统成本管理通常依赖静态的成本控制方式，通过历史数据和经验进行预测和控制，难以迅速应对成本波动，从而在成本控制中形成盲区。相比之下，智能成本预警借助人工智能技术和大数据分析，实现对成本数据的实时监控和分析，能够提前识别潜在风险，并提供预警，促使企业及时采取措施进行调整和优化。

智能成本预警的关键在于数据分析和预警模型的建立，企业需要收集和整理与成本预警相关的数据，如原材料使用数据、设备运行情况、水质检测结果、劳动力投入等，这些数据能够揭示成本变化的趋势和原因，识别成本波动的风险。在深入的数据分析基础上，企业应利用机器学习算法构建智能成本预警模型。该模型结合历史数据和实时数据，进行成本监控，能够划分预警等级，并能在潜在问题出现前及时发出预警信号，帮助企业迅速采取应对措施。

智能成本预警具有实时性、自动化、智能化、多维度分析、灵活性和定制化等特点，能够及时发现成本异常问题。通过实时自动收集、分析和处理成本数据，企业可以有效减少人工干预及处理时间和成本，并利用先进的智能技术挖掘数据价值，从多个维度全面分析成本状况。同时，企业可以根据实际需求进行定制化设计，包括设置特定的预警规则、阈值等参数，以更好地适应具体情况，实现更精准的成本控制和管理。

（二）智能成本预警的方法

智能成本预警首先需要对成本数据进行全面的收集和整理，这些数据来源可能包括内部的生产系统、财务系统、采购系统等，也可以来自外部的市场数据、政策文件等信息。随后，企业可以通过应用机器学习算法对这些数据进行深入分析和建模，根据成本变化情况划分不同的预警等级，实时发出预警信号，提醒管理层及时采取相应措施，以有效应对潜在的成本风险，确保运营的稳定性和成本的可控性。

在污水处理成本和维修成本的预警中，不同的预警程度对应着不同的应对策略。当预警程度为低或较低时，无须采取任何措施；当预警程度达到中等时，需要密切关注与成本相关的各项指标，进行持续观察；若预警程度达到较高，则应对污水处理成本或设备维修的整体因素进行深入分析和排查，以识别潜在问题；在预警程度达到高的情况下，必须立即采取相应的干预措施，以防止成本风险进一步升级或造成更大的损失。

三、基于机器学习的 L 污水处理企业智能成本预警必要性与框架设计

（一）基于机器学习的 L 污水处理企业智能成本预警必要性

结合污水处理中的工艺流程、成本结构及现有预警流程存在的问题，智能成本预警的建设应重点关注数据获取和数据挖掘两个方面。针对智能成本预警数据仓库设计，需要进行基于决策树算法的污水处理成本风险预警和基于 K-means 算法的维修成本风险预警的必要性分析，进而对数据仓库、成本风险预警和维修成本风险预警进行系统设计，解决当前成本预警中的不足的问题，优化成本管理流程，实现降本增效的目标。

在污水处理过程中，企业需要充分考虑污水处理中的具体流程和成本特征，通过数据驱动的方式来构建更加精准和高效的成本预警体系，从而有效应对潜在的成本风险和管理挑战。结合实际情况，基于机器学习的智能成本预警的必要性分析可分为以下三个部分。

1. L 污水处理企业智能成本预警数据仓库设计

数据仓库能够整合和存储来自不同数据源的数据，为智能成本预警提供必要的数据支持。在智能成本预警中，需要大量的数据，这些数据来源于多个系统和平台，如药剂投放数据来自生产运营管理平台，设备维护数据来自设备巡检管理系统，水质数据来自水质检测系统。智能成本预警需要从多个数据源获取信息，如果不构建数据仓库，数据库负载将过大。企业应先基于工艺流程和成本预警现状的梳理，提炼智能成本预警数据仓库的主题域，再根据所需的生产数据、设备数据和管理数据确定维度表和事实表，设计相应的逻辑模型，从而构建出智能成本预警数据仓库，方便进行数据管理和分析。

2. 基于决策树算法的污水处理成本风险预警

污水处理成本在整体成本中占据较大比例，具体包括人工费用、电费、药剂消耗、设备折旧及摊销、清淤费用、污泥和污渣的处置费用等多

个方面。污水处理成本风险主要受到原材料价格波动、劳动力成本上升、环境变化及水质不稳定等因素的影响。因此,在建立污水处理成本风险预警模型时,企业需要将水质因素、药剂消耗、能源消耗等指标纳入风险评估体系,利用决策树算法的强大非线性建模能力,构建一个能够定期进行精准、智能预警的成本风险模型,从而有效监控和应对可能出现的成本波动。

3. 基于 K-means 算法的维修成本风险预警

污水处理中的维修成本是为恢复设备或设施功能而产生的费用,是除日常处理成本外的另一大风险来源。维修费用属于期间费用,涉及设备、管网、泵站和用户端表的维护工作。因此,进行维修成本的风险预警,需要构建与设备、管网、泵站和用户端表相关的风险指标。例如,对于设备维修成本风险,企业应将设备运行效率、可靠性、操作规范性、维护保养情况及环境影响等因素纳入风险评估指标,同时利用 K-means 聚类算法,将设备划分为不同的预警等级,提前识别重点设备需要维护的情况,采取适当的措施,最终减少维修支出。

(二)基于机器学习的 L 污水处理企业智能成本预警框架设计

在对智能成本预警数据仓库设计、污水处理成本风险预警和维修成本风险预警三方面进行必要性分析的基础上,企业结合当前成本管理和预警的实际情况,通过数据仓库和机器学习技术构建了智能成本预警方案的整体框架,旨在解决数据难以获取、处理成本风险和维修成本风险难以及时识别等问题。在此智能化方案中,数据的获取与存储、指标体系的构建、数据分析与挖掘都起着至关重要的作用。基于机器学习的 L 污水处理企业智能成本预警框架如图 2-1 所示。

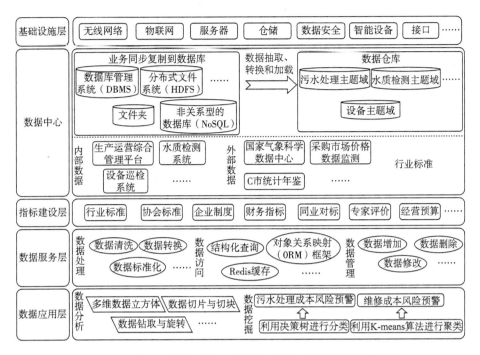

图 2-1　基于机器学习的 L 污水处理企业智能成本预警框架

图 2-1 所示的智能成本预警框架设计结合了当前数字化状况及现有平台和系统，基于数据仓库和机器学习技术，从基础设施层、数据中心、指标建设层、数据服务层和数据应用层五个层面进行构建。该框架通过分层设计，确保各个层次的数据收集、存储、分析和应用的有效性和准确性，旨在提供全面的成本预警支持，实现高效的数据管理和智能决策能力。

（1）基础设施层。基础设施层是智能成本预警框架的核心基础，包含硬件设备、网络设施和操作系统等内容。现有较为完善的网络架构、生产管理平台等系统的服务器支撑，可确保系统的稳定运行。通过物联网技术的智能设备，企业能够实现数据的实时感知，同时严格的访问控制措施保障了数据的安全性。这一层的建设为数据中心的建立与集成奠定了基础，并为后续的数据服务和应用层面提供了坚实的支持和保障。

（2）数据中心。数据中心是智能成本预警框架的关键层，整合了多来源数据，包括内部的生产和财务数据，以及外部的气象信息、宏观经济指标、国家部门及行业协会的标准和规程。这些数据按照预设规则或业务逻辑被同步复制到数据库，并经过数据抽取、转换、加载等过程，最终集成到数据仓库中。智能成本预警的数据仓库划分为多个主题域，如污水处理、水质监测、药剂和能源消耗、设备运行、管网管理等，在确保数据的安全性和可靠性的基础上，为数据服务和应用层提供了坚实的支撑。

（3）指标建设层。指标建设层是确保智能成本预警达成预期效果的关键环节，它基于内部管理制度、污水处理工艺特点、行业和协会标准、内外部环境因素，构建出一套全面的风险预警指标体系。这些指标能够帮助企业识别和揭示成本风险的来源，为后续的成本风险数据分析、预警模型的建立及预警实施提供基础和依据。通过这一体系，企业能够更准确地预测和管理可能出现的风险，为智能成本预警的整体应用效果奠定坚实基础。

（4）数据服务层。数据服务层是智能成本预警框架中的关键组成部分，涵盖数据处理、数据访问和数据管理等功能。数据处理涉及对原始数据的清洗、转换和标准化，主要目的是确保格式统一，为后续分析和模型建立做好准备。数据访问则是从不同数据源中提取所需信息，包括通过SQL查询或调用应用程序接口进行数据获取和检索。数据管理包括对数据的增删改操作，以及管理数据连接、访问控制、缓存、权限设置和备份等事务，主要目的是确保数据的安全性和可用性，为系统提供稳定支持。

（5）数据应用层。数据应用层是智能成本预警框架的核心组成部分，包括数据分析和数据挖掘。数据分析基于构建的智能成本预警数据仓库，对相关成本预警数据进行联机分析处理（OLAP）多维分析，涉及切片、切块、上卷和下钻等操作，以便深入了解数据的各个维度。数据挖掘则利用机器学习技术，如决策树算法和K-means聚类算法，对大量成本预警数据进行深层次挖掘，揭示隐藏的信息。例如，在维修成本风险预警中，企业可以识别需要特别关注的设备对象，有效开展成本预警工作，为成本管理决策提供有力支持。

（三）L 污水处理企业智能成本预警数据仓库设计

1. 设计思路

现有的生产运营监控系统、设备巡检管理系统、水质检测系统和金蝶 K/3 财务管理系统在日常管理和污水处理过程中生成了大量业务和财务数据。然而，这些系统之间的数据格式和结构各异，缺乏统一标准，导致整合困难，数据存在缺失、错误等问题，数据质量不高，难以充分用于成本风险预警。数据仓库可以将来自不同平台和设备的数据进行统一整合，有助于综合分析和科学决策，能帮助企业有效解决"数据孤岛"和"信息孤岛"的问题，提高数据的利用率和价值。

污水处理成本预警数据仓库的设计有明确的步骤和思路。首先，企业需要依据相关行业规范识别和确定成本预警的具体需求，提取各类影响成本的因素，从而定义数据仓库的主题域。其次，企业需要根据这些主题域及内外部数据源，对数据关系进行分析，划分数据粒度，同时考虑数据的冗余和一致性问题，以设计出合适的维度表和事实表。基于维度表和事实表的定义，企业要进一步进行数据模型的设计，常用的模型有星型模型、雪花模型和星座模型等，这些模型的选择取决于数据的复杂性和查询需求。最后，企业需要进行数据抽取、转换和加载（ETL）处理，从财务管理、生产运营等源系统中抽取数据，对数据进行清洗和转换，确保数据的准确性和一致性，并将其加载到数据仓库中。

在数据仓库建立后，企业需要依据实际业务需求和预警需要，利用 OLAP 工具，对仓库中的成本预警相关数据进行趋势分析和多维度分析。这种分析有助于企业识别潜在的成本风险和变化趋势，支持管理决策。值得注意的是，数据仓库的设计是一个不断迭代和改进的过程，需要企业根据实时反馈和变化的业务需求持续优化，以确保其能始终有效支持成本预警和管理决策。

2. 设计过程

智能成本预警数据仓库的设计过程是指在构建数据仓库系统时，通过一系列步骤和决策来实现设计思路的具体操作和实施，确保数据仓库能够有效支持预警功能。智能成本预警数据仓库体系的结构设计大致分为数据源分析、数据建模、数据 ETL、数据分析四个部分，如图 2-2 所示。

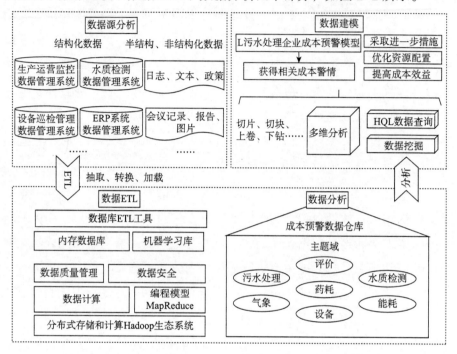

图 2-2　L 污水处理企业智能成本预警数据仓库体系结构设计

首先，对成本预警的数据源进行分析时，需要梳理出有哪些结构化、半结构化和非结构化的数据，这些数据来源主要包括生产运营监控系统、水质检测系统、设备巡检管理系统等内部系统以及外部数据。同时，结合污水处理过程中成本预警的具体需求，设计数据仓库的主题域，以确保预警系统的有效性和针对性。其次，根据数据源分析和主题域，设计数据仓库的逻辑模型，包括确定事实表和维度表，定义事实与维度之间的关系，并建立相应的物理模型。ETL 过程涉及从数据源中提取数据，进行清洗和转换，以确保数据的准确性和一致性。清洗过程包括处理缺失值、异常值和重复数据，转换过程包括格式转换、数据合并及计算衍生指标等。最后，将处理后的数据加载到数据仓库中，以支持进一步的数据分析和决策。针对各主题域的数据进行深入分析，使用 OLAP 工具进行上卷、下钻、切片、切块等操作，以多维度查看数据特征，并应用决策树算法和 K-means 聚类算法进行成本预警分析。当获取到成本预警信息或相关风险提示后，可以采取相应措施，优化资源配置，提高成本管理的效率和效益，确保运营的稳定性和可持续性。

四、智能成本预警数据源分析及 ETL 过程

（一）数据源分析

数据源分析是智能成本预警数据仓库构建的首要步骤。L 污水处理企业成本预警涉及的数据源主要包括生产运营监控系统、设备巡检管理系统、水质检测系统、财务系统、企业资源计划（ERP）系统等。生产运营监控系统主要对污水进水、工艺过程、出水进行监控，收集相关数据，如污水处理能耗数据、药耗数据、污水收集数据、污水处理数据等。设备巡检管理系统对各类设备的运维周期建立电子化信息监管和存档，包括各设备的运行状况、故障率、重要程度、维修记录等数据。水质检测系统存储了进水、出水、处理过程中化学需氧量、生化需氧量、氨氮等指标的监测数据。财务系统有污水处理成本预算数据，ERP 系统存储有职工信息、客户户表信息等数据。此外，外部数据包括每日气象数据、专家的评价报告、相关政策文件等。

（二）ETL 过程

由于成本预警相关数据分散在不同系统中，因此必须通过适当的方法进行标准化整合。ETL 过程能够将分散于多个异构系统的数据进行统一整合，加载至同一个数据仓库中，从而为后续的成本预警分析提供支持和便利，确保数据的一致性和可用性，有效提高分析的准确性和效率。

首先，智能成本预警数据仓库的 ETL 过程涉及从多个系统中提取数据，如生产运营系统、水质检测系统、财务管理系统及 ERP 系统等。其

次，对提取的数据进行处理和转换，包含数据清洗、格式转换、拆分、计算及合并操作。例如，需统一财务系统与运营系统之间不一致的日期格式，补全缺失的设备或用户信息，并对重复冗余数据进行去重处理。数据转换的核心目的是调整数据结构、格式及内容，使其与目标系统的模型和业务需求相匹配，确保数据的准确性和一致性。最后，利用 Sqoop 工具将转换后的数据加载至数据仓库中，以便为后续的分析和数据挖掘提供基础支持。

（三）智能成本预警数据仓库的构建

1. 确定主题域

根据相关行业标准，结合实地调研过程中专家提出的建议，并与管理层充分沟通讨论，深入分析成本预警的具体需求和目标，最终确定智能成本预警数据仓库的主题域。L 污水处理企业智能成本预警数据仓库应包括污水处理、水质检测、污水处理药耗、污水处理能耗、污水处理评价、污水处理预算成本、设备、户表、气象九个主题域，具体如表 2-1 所示。

表 2-1　L 污水处理企业智能成本预警数据仓库主题域

主题域名称	主题域描述	数据来源
污水处理主题域	反映指定日期内污水厂的污水处理量，可用于评估污水处理的效率，并进行趋势分析和改进措施的制定	水质检测系统 生产运营 监控系统
水质检测主题域	反映污水处理过程中对水质的监测数据，包括各种水质指标的测量结果，如 pH、悬浮体浓度、溶解氧含量等。这些数据可以用于评估水质的变化和污染物的去除效果，以及及时发现和解决水质问题	水质检测系统 生产运营 监控系统

主题域名称	主题域描述	数据来源
污水处理药耗主题域	反映污水处理各工艺流程中使用的各种化学药剂的消耗数据，包括药剂的用量、投加频率、涉及设备等。这些数据可以用于评估药剂的使用效率和成本，以及优化药剂投加策略和控制药剂成本	生产运营监控系统
污水处理能耗主题域	反映污水处理过程中能源的消耗数据，包括厂区、管网、泵站的电耗数据。这些数据可以用于评估能源的使用效率和成本，以及制定节能措施和降低能源消耗	生产运营监控系统
污水处理评价主题域	反映污水处理过程的各种评价数据，包括对污水处理各方面效率、稳定性和质量的评价。这些数据可以用于评估污水处理的整体效果和质量，以及与其他企业或行业标准的比较	生产运营监控系统污水处理评价报告ERP系统
污水处理预算成本主题域	反映对污水处理的预算成本数据，包括药耗、能耗、折旧及摊销、维修费等。这些数据可以用于评估污水处理的成本是否在预算之内，以便控制成本	财务管理系统ERP系统
设备主题域	反映污水处理设备的相关数据，包括设备的型号、规格、数量、安装位置、维修记录等。这些数据可以用于设备管理和维护，以及设备故障和维修的记录和分析	设备巡检管理系统生产运营监控系统ERP系统
户表主题域	反映各种用户信息的数据，包括用户的数量、类型、用水量等。这些数据可以用于用户管理和计费，以及分析用户用水行为和需求，为户表维修改造、污水处理过程提供参考和优化建议	生产运营监控系统户表管理系统ERP系统
气象主题域	反映与污水处理过程相关的气象数据，包括温度、湿度、降雨量等。这些数据可以用于分析气象因素对污水处理的影响，以及制定相应的应对措施和调整策略	外部气象平台

2. 确定事实表与维度表

智能成本预警数据仓库由多个主题域构成，每个主题域内都至少包含一个事实表和维度表。其中，事实表用于存储与业务流程相关的数值数据和指标，反映业务活动中发生的具体度量，如电力消耗、药剂使用等。通常，事实表的数据与特定时间段的业务操作对应，并通过维度表进行关联，维度表则保存了描述性数据，为业务提供多个分析维度，使用户能够更深入地理解事实表中的数据。维度表包含的内容如时间、地理位置、设备类型等属性，利用这些属性可以对事实表中的数据进行筛选、分类和分析。事实表与维度表可以从不同角度解读业务数据，识别潜在的成本问题，并为智能成本预警系统提供有力支持。

企业可以根据确定的污水处理智能成本预警主题域，构建多种事实表，用于记录各类业务数据，包括污水收集表、污水处理表、水源水质检测事实表、处理过程水质检测事实表、污水处理药耗表、污水处理能耗表、设备运行表、设备效率评价表、设备合理性评价表、设备维修记录表、设备故障记录表、设备维护保养记录表、设备点检记录表、设备环境影响程度表、户表记录事实表、户表维修记录事实表、户表故障记录事实表、户表维护保养记录事实表、户表点检记录表、户表环境影响程度表、污水处理效率评价表、污水处理稳定性评价表、气象表及生产预算成本表。总计 24 张事实表，涵盖了污水处理过程中各类关键数据，为成本预警提供了全面的数据支持。以水质检测主题域为例，除水源水质检测事实表和处理过程水质检测事实表两张表外，还需从时间、污水源、水质指标、处理步骤四个维度建立相应的维度表。在设计维度表时，要特别考虑数据的粒度问题。例如，在时间维度中，智能成本预警需求要求水质检测数据精确到"日"，因此时间维度表应涵盖"年""月""日"三个层次，以保证数据精度。这种设计方式能够确保水质检测的预警分析更加全面和精确，满足不同层次的分析需求。

3. 模型设计

数据仓库模型主要包括星型模型、星座模型和雪花模型。其中，星型模型是最基础且广泛应用的一种数据仓库模型，它由一个核心的事实表和围绕它的多个维度表构成。星座模型是在星型模型的基础上进行扩展，维度表被细分为多个层级，形成复杂的层次结构，这样的设计有助于减少数据冗余，并提高数据的一致性和准确性。雪花模型是星座模型的变体，它进一步细化维度表，形成更多层级的结构，从而进一步减少冗余数据，同时提高数据的精确性和一致性。

每个主题域的模型选择根据数据结构的复杂性和分析需求而定，以确保数据的有效整合和分析。其中，污水处理药耗、污水处理能耗、气象和污水处理预算成本主题域采用的是星型模型，而污水处理、水质检测、设备、户表、污水处理评价等主题域则采用星座模型。

以水质检测主题域为例，该主题域涵盖污水源及处理步骤中的水质检测指标等数据，采用星座模型进行数据组织。逻辑模型由水源水质检测事实表、处理过程水质检测事实表，以及时间、污水源、污水厂、水质指标、处理步骤、员工和部门等维度表组成。企业可以通过日期、水质指标、污水厂、处理步骤和员工编码等方式，将事实表与维度表相连接，使数据可以从时间、水质指标、污水源和处理步骤等多个维度进行查询和分析，查看水质检测的具体数值。

第三章　大数据时代采购成本管理创新与实践路径

第一节　采购成本管理简述

一、采购成本分析

（一）成本结构分析

了解供应商的供应价格影响因素及定价方法有助于对供应商的成本结构进行分析。要真正掌握成本结构分析方法并据此来判断供应价格的合理性，必须了解国际通行的工业企业成本结构。反映企业成本结构最直接的工具是财务利润表，它包括产品销售收入、产品销售成本、产品销售毛利、销售费用、管理费用、财务费用、产品销售利润、所得税、净利润等主要项目。其计算方法为：

$$产品销售毛利 = 产品销售收入 - 产品销售成本 \qquad (3-1)$$

$$产品销售利润 = 产品销售毛利 - （销售费用 + 管理费用 + 财务费用）(3-2)$$

$$净利润 = 产品销售利润 - 所得税 \qquad (3-3)$$

式（3-1）至式（3-3）中，产品销售成本主要由原材料费用和工人或直接劳动力成本组成；产品销售毛利与产品销售收入的比率即毛利率，是衡量盈利能力的重要指标；销售费用涵盖市场营销、广告、销售部门的固定资产折旧等开支；管理费用包括所有管理人员的薪资、固定资产折旧、能耗等各项费用；财务费用主要指利息支出和汇兑损益；产品销售利润作为财务指标，能够直接反映生产经营状况的优劣。这些费用和利润指标共同构成了经营活动的财务分析体系，为评估财务健康状况和盈利能力提供了基础依据。

工业企业在新产品开发或建厂投资时通常会进行盈亏平衡分析，也称为量本利分析或保本分析。该分析通过研究生产成本、销售利润和产量之间的关系，来判断盈亏变化情况，从而为制订合理的产品开发和生产经营方案提供数据支持。盈亏平衡分析可以帮助企业确定在何种生产和销售水平下实现无亏损的状态，是制定经营策略的重要工具。

根据量本利之间的关系，有

$$销售收入 \ S = 产品产量 \ Q \times 单价 \ P \qquad (3-4)$$

$$生产成本 \ C = 固定成本 \ F + 可变成本 \ E$$

$$= 固定成本 \ F + 产品产量 \ Q \times 单位产品可变成本 \ C \qquad (3-5)$$

当盈亏达到平衡，即销售收入等于生产成本或单价等于单位产品生产成本时，有

$$S_0 = Q_0 P = F + Q_0 C_v \qquad (3-6)$$

从而有保本产量 Q_0 和保本收入 S_0，即

$$Q_0 = \frac{F}{P - C_v}, \ S_0 = \frac{F}{1 - C_v / P} \qquad (3-7)$$

式（3-7）中，$P - C_v$ 为单位产品销售收入扣除可变成本后的剩余，叫作边际贡献或毛利；$1 - C_v / P$ 为单位产品销售收入可帮助企业吸收固定成本或实现企业利润的系数，叫作边际贡献率或毛利率。

供应商在制定产品价格时，通常会确保边际贡献率或毛利率大于零，即产品售价须高于其总成本（包括单位固定成本摊销和单位可变成本）。采购人员要想准确了解供应商的定价策略，必须深入掌握其成本结构，包括了解固定成本和可变成本的具体内容。通过分析成本构成，采购方能更

有效地评估价格合理性并在谈判中获得优势。

在产品成本构成中，固定成本比例越低，价格的灵活性越高，受季节和原材料供应变化的影响也越明显。因此，对于这类产品，采购时可以通过增加订购数量或在销售淡季订购来降低成本。而对于可变成本比例较低的产品，更应注重提高供应商的管理水平，促使其改进生产效率并降低管理费用。这种方法能够有效控制价格，减少不必要的成本支出，从而优化供应链管理。

（二）质量成本

目前，质量成本尚无统一的定义，其基本含义是工业企业针对某项产品或者某类产品因产品质量、服务质量或工作质量不符合要求而导致的成本增加，其实质意义是不合格成本，主要包括退货成本、返工成本、停机成本、维修服务成本、延误成本、仓储报废成本等。

1. 退货成本

退货成本指在供应链各环节（如采购、生产、仓储、运输、销售）中因不合格退货而产生的成本。

2. 返工成本

返工成本指在采购、生产、仓储、运输和销售过程中，由于产品或作业不达标，需要返工、维修或重新检验而产生的额外成本，包括人工成本、材料费用和运输费用等多方面的支出，导致整体成本上升。

3. 停机成本

停机成本指因各种原因引起的设备停机和生产中断所造成的损失，包括设备因维护不当导致故障停机、原材料供应不足导致生产停滞，以及生产安排不合理引起的生产线闲置等情况。这些问题会导致企业生产效率降低，并引发经济损失，对整体运营产生不利影响。

4. 维修服务成本

维修服务成本指产品售出后因质量或服务问题而在保修期内产生的各

类费用，包括处理客户投诉、维修产品、更换零部件等。这些费用涵盖售后过程中为解决质量问题所需的各项支出，直接影响服务成本和客户满意度，是质量管理中不可忽视的部分。

5. 延误成本

延误成本指因产品开发和交货延误而产生的成本增加或损失，包括因设计错误或延误导致的人工损失、设备报废、产品上市时间推迟的经济损失，以及生产和交货过程中因延迟交货造成的赔偿或市场损失等。这些问题会直接影响成本控制和市场竞争力。

6. 仓储报废成本

仓储报废成本指由于产品更新换代、长期仓储或不良仓储条件等原因，导致原材料、零部件或成品损坏报废。这些因素会引发库存积压和产品质量下降，最终造成材料或成品无法使用和损失。

（三）整体采购成本

1. 采购价格与采购成本

在采购过程中，尽管原材料或零部件的采购价格是关键的财务指标，但采购人员应全面考量，不应只关注价格本身。更重要的是，要将采购价格与原材料或零部件质量、交货条件、运输费用、包装成本、服务质量、付款方式等因素综合分析，全面衡量采购的实际成本。这种全面的成本评估能够帮助企业更准确地把握采购效率和成本效益，从而优化采购决策，避免仅凭单一价格因素而忽视其他潜在的影响成本的因素。

2. 整体采购成本的内容

整体采购成本，也称为战略采购成本，是指在原材料或零部件采购之外，还需要考虑这些材料或零部件在产品的整个生命周期中所产生的相关成本。整体采购成本包括采购价格本身，还涵盖市场调研、自制或采购决策、产品预开发与开发阶段供应商的参与，以及在供应链各环节如供应商交货、库存管理、生产过程、出货测试、售后服务等环节所产生的费用对整体成本的影响。整体采购成本反映了在市场研究、产品开发、生产和售后服务各阶段，因供应商的参与或其所提供的产品（或服务）所带来的成本负担。其中包含由于供应商的产品或服务质量未达到最佳水平所造成的额外成本或损失。采购人员的核心目标是通过全面评估各环节的费用影响，制定有效的采购策略，以降低整体采购成本并提高成本效益。

整体采购成本按功能划分，主要产生于开发、采购、策划、质量管理及售后服务等环节。各环节的费用对整体成本有重要影响，如下所述。

（1）开发过程中，因供应商介入或选择而可能发生的成本。

①原材料或零部件对产品规格和技术水平的影响，可能导致额外成本的增加，这些成本源于原材料和零部件质量对产品整体性能的提高要求。

②审核供应商技术水平时所产生的费用，包括评估供应商技术能力、质量标准及生产工艺等方面的审核成本，以确保选择合适的供应商。

③对原材料或零部件进行认可和验证过程中所产生的费用，包括质量评估、测试和合规检查等相关开支。

④原材料或零部件的开发周期延长可能影响产品的整体开发周期，从而导致额外的损失或增加相关费用。

⑤原材料、零部件或工装（如模具）不合格会影响产品开发进度，导致相关的损失或增加额外费用。

（2）采购过程中可能发生的成本。

①原材料或零部件在采购过程中所产生的成本或单价支出，包括材料费用、供应商报价等与采购直接相关的费用。

②市场调研及供应商的考查、评估和审核过程中所产生的各类费用。

③在下订单、跟踪订单等采购管理过程中产生的各类行政费用，包括人员处理、文书工作等成本支出。

④在文件管理和处理过程中产生的费用，包括文件制作、归档、审核、打印及管理等相关支出。

⑤由于付款条件的影响而产生的费用，包括因不同付款方式引发的汇率波动、支付期限相关的利息支出，以及其他金融成本等。

⑥原材料在运输过程中的相关费用，包括物流运输费用、货物保险费用，以及其他因运输而产生的附加成本。

（3）在策划和生产过程中因采购活动可能产生的各类成本。

①在收货和将物料发货至生产使用点过程中产生的费用，包括装卸、运输和内部物流管理等相关成本。

②与安全库存相关的仓储费用和库存持有期间产生的利息成本，包括储存、管理和资金占用费用。

③因不合格的来料导致的滞留仓库、退货处理所产生的费用，以及相关的包装、运输等过程中带来的额外成本支出，这些费用直接影响整体采购成本。

④交货不及时对仓库管理及相关工作流程造成的负面影响，导致的损失包括生产计划延误、库存积压、管理效率下降等额外的运营成本。

⑤生产过程中因存储原材料或零部件而产生的库存费用，包括仓储、管理、维护和资金占用等相关成本支出。

⑥策划和生产过程中涉及原材料或零部件管理的各类行政费用，包括采购协调、订单处理、物料管理等相关的运营支出。

（4）质量管理过程中可能发生的采购成本。

①对采购的原材料或零部件进行质量检验、测试和验证所需的费用，包括使用检测设备、实验室费用及人工检测成本等。

②因材料或零部件质量不合格而进行返工、修理、退货、报废等处理的费用，这些操作会导致额外的时间和资源消耗。

③对供应商的质量体系、生产流程和技术水平进行审核和评估的费用。

④当发现质量问题时，进行供应商质量改进、制定补救措施和相关培训所产生的费用。

⑤由于材料或零部件质量问题导致的生产延误和进度推迟，造成的间接损失如产能浪费、加班费和违约赔偿等费用。

⑥因采购不合格材料而导致最终产品质量问题，从而产生客户投诉处

理、产品召回和售后服务的额外费用。

（5）售后服务过程中因原材料或零部件质量问题而发生的成本。

①因原材料或零部件质量问题导致的产品故障，需进行维修或更换的成本，包括零部件的采购费用、维修人工费用及设备拆装等相关费用。

②由于原材料或零部件缺陷导致的客户投诉处理费用，包括客户服务部门的人力成本、沟通费用以及问题调查和解决的各项支出。

③因原材料或零部件质量问题导致的产品召回所产生的成本，包括召回运输、检查、更换不合格零件以及重新分发产品的费用，是对品牌声誉和经济利益的直接打击。

④因原材料或零部件质量问题而不得不延长保修期的相关费用，包括额外的维修、服务人员费用，以及可能的备件库存成本。

⑤如果因零部件问题导致客户损失或不能按承诺提供服务，可能会产生赔偿费用或违约金，从而增加售后成本和品牌声誉风险。

二、采购成本管理方法

（一）ABC 分类法

1. ABC 分类法概念

任何一个库存采购系统都必须指明对某种物料何时发出订单，以及订单的数量，大多数企业要订购的物料种类繁多，以至于在实际中不可能对每种物料的采购成本都进行分析和控制。对于单一品种的采购，不存在重点选择的问题，但是对于多品种采购，由于需要进行重点管理，所以存在一个 ABC 分析的问题。ABC 分类法是指通过对已经发生的采购成本项目数据进行收集、统计、汇总和分析，绘制 ABC 管理图，最后确定相应的管理方式，对 A、B、C 三类对象实行不同的采购成本管理方法。对于 A 类关键采购材料，由于其对采购成本管理的影响最大，一旦缺货或者采购成本失去控制，给企业的库存成本、生产成本等控制都将带来巨大影响。

因此，应该确保质量完好、数量准确，并选择信誉好的供应商；对于 B 类采购材料，应综合考虑成本和数量等因素进行有效的次要管理；对于 C 类采购材料，由于采购时间的延误等，只会部分影响采购成本，甚至影响甚微，应允许一定时间的延迟采购，以适时处理原则进行采购成本管理。

2. ABC 分类法采购物资的分类原则和标准

A 类，关键采购商品或原材料。它占总采购商品或原材料累计数量的 5% ～ 10%，对应的采购资金成本累计占 60% ～ 80%。

B 类，次要采购商品或原材料。它一般占总采购商品或原材料累计数量的 20% ～ 30%，对应的采购资金成本累计占 20% ～ 30%。

C 类，一般采购商品或原材料。它占总采购商品或原材料累计数量的 60% ～ 80%，对应的采购资金成本累计占 5% ～ 10%。

（二）TCO 采购成本管理方法

1. TCO 理念

TCO 理念即"总体拥有成本"理念，是一种全面评估产品、服务或系统在整个生命周期内所产生的所有成本的方法。TCO 不仅关注购买价格，还关注包括使用、维护、管理、停用等各个阶段的相关费用，旨在为企业提供一个全面、真实的成本评估视角，帮助企业做出更明智的采购和管理决策。

TCO 理念强调，从采购到处置的整个周期内，所有与拥有和使用有关的成本都应纳入考虑范围，这些成本包括直接费用，如购买、运输、安装、培训、操作和维护等显性成本，也涵盖间接费用，如能源消耗、停机时间、备件供应、软件升级、人员管理、服务支持等隐性成本。通过将这些显性成本和隐性成本进行综合计算，能够揭示采购和使用决策的真实成本，使企业可以对不同供应商或解决方案进行更准确的比较和选择。TCO 理念鼓励采购人员和管理者从长远的、全面的视角出发，考虑投资的经济性和持续性，进而优化成本结构，提高资源利用效率。通过 TCO 分析，企业可以更好地评估投资回报率，制定更具成本效益的采购和管理策略，提高整体运营的经济效益。

TCO 理念可被广泛应用于各类采购活动，包括生产物料采购（如固定资产）、经营物料采购（如办公设备）、备品备件采购、原材料采购及各类服务的采购等。

2. TCO 分析流程

TCO 分析方法主要用于以下三个方面：供应商选择、供应商后续考评及内部业务流程重构（如对物料的自制、采购或外包进行决策）。以供应商选择为例，TCO 分析的具体流程如图 3-1 所示。

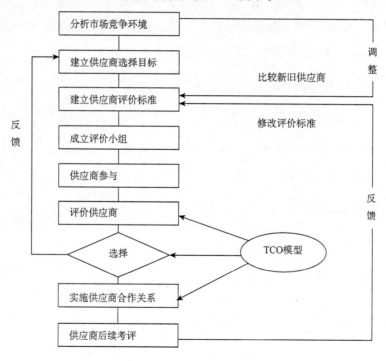

图 3-1　TCO 分析流程

3. TCO 分析流程的优点

（1）建立一个持续的供应商评估系统，通过与其他供应商进行持续比较，优化对特定供应商的评估数据，从而提高供应商管理效果。

（2）协助设计出让采购方和供应商都满意的供应商标杆，通过优化合作关系，打造符合双方需求的理想供应商模式，从而提高合作效率和质量。

（3）通过评估，识别供应商在何种情况下表现最佳，进而抓住这些关键机会来优化供应链管理，从而有效降低采购成本，提高整体采购效率和质量。

（4）不仅有助于全面了解供应商的运营状况和成本构成，从而为采购决策提供关键的数据支持，还有助于选择更具性价比的供应商。通过深入分析供应商的经营和成本模式，企业可以提高采购环节的透明度，确保供应链管理更高效和更合理，优化整体资源配置，降低运营风险。

（5）为与供应商进行谈判提供必需且精准的数据支持，通过详细的成本和运营信息，增强谈判时的决策依据和议价能力。

（6）有助于降低采购成本并提高产品质量，从而增大利润空间。通过优化供应商管理和采购流程，企业可以有效减少支出、提高生产效率，进而提高整体收益。

（7）为采购决策提供长期的指导方向，从而更全面地评估各项采购成本，制定更加科学合理的策略，支持可持续的采购管理。

4. TCO 模型

建立 TCO 模型是 TCO 分析流程的关键环节。TCO 模型的建立与作业成本法息息相关。作业成本法的"作业消耗资源、成本对象消耗作业"的思想，为 TCO 模型的建立提供了理论支持。

TCO 模型分析的基本思路包括以下步骤：①明确需要评估的供应商名单，确保所有潜在供应商都纳入评估范围；②对每个供应商采用作业成本法，计算其提供产品或服务的总体拥有成本，包括所有相关费用；③利用计算机信息技术对收集的数据进行综合分析和评估，全面了解各供应商的成本优势和潜在风险，从而为优化采购决策提供科学的依据。

TCO 模型的核心是全面评估采购的整体成本，而不仅仅关注购买价格。一般而言，TCO模型主要涵盖三大类成本：第一类，采购时支付的价款，即产品或服务的购买费用；第二类，与采购相关的基本作业成本，包括从订购到支付整个过程中发生的费用，如运输、检查、接收、入库和支付货款等作业成本；第三类，由于供应商失误导致的额外成本，如因供应商延迟交货引发的生产延误或因商品质量不合格导致的退货、返工或停工等损失，这些因素共同影响整体拥有成本。TCO模型是一种综合、长远的成本评估工具，能够帮助企业更精准地衡量采购决策的全面经济影响，从而优化采购和管理策略。

（三）电子采购

1.电子采购定义

电子采购是一种利用互联网和数字技术进行采购管理的现代化方式，旨在通过在线平台或专用采购系统来实现采购的电子化、自动化和高效化。电子采购将传统的采购流程转移到网络上，从供应商选择、询价、订购、合同管理到支付和跟踪，整个流程都通过电子化手段进行操作，有助于提高采购效率、降低成本并优化供应链管理。

2.电子采购的主要特点

（1）数字化操作。电子采购将采购流程从传统的纸质文档和人工操作转化为数字化操作，通过电子系统完成从需求提出到支付结算的整个过程，减少人为错误，提高数据准确性和工作效率。

（2）高效透明。电子采购平台实现了采购过程的透明化，所有交易记录、供应商报价、合同和订单都可以被追踪和审计，确保采购过程公平公开，减少了信息不对称带来的风险。

（3）成本节约。通过电子化采购流程，企业能够减少管理成本和采购时间，避免烦琐的手工操作，降低采购过程中发生的人工成本。同时，电子采购系统可以通过大数据分析和市场比价功能，帮助企业选择更具性价比的供应商。

（4）供应商管理。电子采购平台集成了供应商管理功能，能够自动评估供应商的绩效、质量、交货时间等指标，为采购决策提供数据支持，有助于企业优化供应商结构，建立更稳定、优质的供应链。

（5）实时数据与分析。电子采购系统提供实时数据和分析功能，采购人员可以根据系统提供的市场趋势、价格波动和供应商表现进行决策优化。系统的智能化数据分析还能预测市场变化，帮助企业及时调整采购策略。

3. 电子采购的主要功能

（1）需求管理。电子采购系统能够快速处理采购需求，包括需求提交、审批、追踪等环节，实现流程的自动化管理，减少了传统方式下的审批等待时间。

（2）供应商选择与评估。通过电子采购平台，企业可以轻松访问大量供应商资源，进行供应商的选择和资格审查。同时，系统可以自动生成供应商的历史绩效数据，帮助企业做出最佳选择。

（3）询价和竞价。电子采购平台支持在线询价和竞价功能，采购人员可以在平台上发布询价信息，供应商可以在线提交报价，实现快速比价和议价，确保采购价格的竞争力。

（4）合同管理。电子采购系统提供合同管理模块，可以在线生成、签署和管理采购合同，减少纸质文件的使用，提高合同审批和执行效率，同时降低合同管理风险。

（5）订单与支付管理。采购订单的生成、审批、发送、接收、支付等环节在电子采购平台上实现一体化管理，订单状态实时可查，支付流程便捷高效，有助于优化现金流管理。

（6）库存管理。电子采购系统与库存管理系统联动，可以自动更新库存信息，根据库存情况发起采购需求，避免库存积压或短缺，提高企业运营效率。

4. 电子采购的优势

（1）提高效率。电子采购通过自动化流程和智能化管理，显著提高了采购的效率，从需求提交到订单执行的周期缩短，响应速度加快。

（2）成本控制。电子采购平台能快速筛选和比较供应商报价，优化采购价格，并减少采购过程中的人力和运营成本，实现显著的成本控制效果。

（3）透明度与合规性。电子采购系统能记录每一个操作环节，形成完整的采购数据链，为内部审计和合规性管理提供重要依据。

（4）数据驱动的决策。电子采购能利用大数据和分析工具，提供市场洞察和趋势分析，帮助企业优化采购策略和决策，提高采购的准确性和前瞻性。

（5）供应链优化。电子采购系统使企业与供应商之间的沟通更加顺畅，采购周期更短，有利于优化供应链管理，提高供应链的整体协同效率。

第二节　大数据时代采购成本管理控制分析

一、大数据在采购成本管理中的作用

大数据技术在采购成本管理中发挥着重要作用，通过数据采集、整合与分析，企业可以实时掌握采购活动中的各项成本驱动因素，优化采购决策，提高管理效率。

（一）数据采集与整合：采购数据来源与清洗

数据采集与整合是大数据技术在采购成本管理中应用的基础环节，采购数据来源广泛，主要包括内部数据和外部数据两大类。其中，内部数据涵盖历史采购记录、库存数据、财务报表、订单信息、供应商绩效数据等，这些数据反映了企业自身的采购行为和财务状况；外部数据包括市场价格数据、供应商信息、行业趋势报告、经济指标、市场动态等，这些数据可以帮助企业了解市场环境和竞争态势。

由于采购数据来源的多样性和复杂性，确保数据的准确性和一致性至关重要。为此，企业需要对采集到的数据进行清洗和整合，以提高数据的可靠性和可用性。数据清洗包括多项关键步骤：首先是去除重复数据，避免因数据冗余导致的分析偏差；其次是修正错误信息，如纠正错误的价格记录或供应商名称；最后是补全缺失数据，通过数据挖掘和模型预测填补缺失信息，确保数据的完整性。这些步骤不仅能提高数据的质量，还能为后续的分析奠定坚实基础。整合后的数据可以形成一个全面的采购数据库，为采购决策提供有力的数据支持。通过数据的深度整合，企业能够建立多维度的采购视图，从历史采购行为到市场价格波动，再到供应商表现，都能够一览无余。例如，通过对历史采购数据的系统性分析，企业可以识别出高频采购的品类和成本偏高的供应商，从而有针对性地调整采购策略，降低成本。这样的数据清洗与整合不仅为管理者提供了全面的成本视角，还为优化采购流程和提升决策效率创造了条件。

（二）采购成本驱动因素分析

采购成本的变化受多种因素影响，包括原材料价格波动、供应商定价策略、市场需求变化、运输费用、汇率波动、政策变化等。大数据技术可以通过对这些因素的全面分析，帮助企业识别出影响采购成本的关键环节，为企业提供决策依据。

原材料价格波动是采购成本的重要驱动因素之一，通过大数据技术，企业可以分析历史价格数据和市场动态，预测未来的价格趋势。例如，利用时间序列分析或机器学习模型，企业可以识别出原材料价格的周期性变化和突发性波动，为采购决策提供参考。供应商定价策略也是影响采购成本的重要因素，通过对供应商报价和市场价格的对比分析，企业可以识别出供应商是否存在定价过高的情况，从而开展有针对性的价格谈判，争取更好的采购条件。

市场需求变化对采购成本有直接影响，当市场需求旺盛时，采购价格往往会随之上涨，反之则会下降。大数据分析能够帮助企业掌握市场需求变化的趋势，优化采购时机。例如，企业可以通过对销售数据和市场需求的预测，合理安排采购计划，避免在需求高峰期进行大规模采购，降低成本。

运输费用和其他附加费用同样是采购成本的关键组成部分，通过分析物流数据和运输成本，大数据技术可以优化运输路径和选择更具性价比的物流服务商，减少不必要的运输支出。

大数据驱动的成本因素分析不仅能够提供详细的成本构成信息，还可以帮助采购管理者识别潜在的节约机会。通过系统性的分析和监控，企业能够提前识别出风险因素和成本上升的趋势，及时调整采购策略，实现成本的有效控制。

（三）采购成本的实时监控与动态调整

实时监控是大数据在采购成本管理中的一项重要应用，通过物联网设备和大数据分析平台，企业可以实现对采购活动的全流程监控，包括从订单生成、供应商报价、合同执行到物流运输等各个环节。实时数据的获取和分析使采购管理更加透明和高效，因此，企业能够及时发现并应对采购过程中出现的异常情况。

实时监控采购数据可以显著提升采购成本控制的灵活性和精准度，当系统检测到供应商价格突然上涨、物流费用超出预期或合同执行过程中出现异常时，实时预警机制会迅速通知采购管理者。采购管理者可以根据实时数据，快速作出相应的调整决策，避免潜在的成本损失。例如，当发现市场价格有下降趋势时，系统可以建议延迟采购，待价格回落后再进行采购，从而实现更低的采购成本。这种动态调整的能力使采购管理者能够在市场变化中保持主动，及时响应各种成本变化的挑战。

实时监控还支持动态的供应商管理，当供应商的交付情况出现异常，或产品质量不符合要求时，系统会自动生成风险预警，提醒采购管理者进行评估和应对。通过大数据平台，企业可以动态调整采购计划，重新选择供应商或调整订单数量，确保采购过程的顺利进行。实时监控与动态调整的结合，使采购成本管理不仅是事后核算和分析的过程，还成为实时干预和优化的过程，有助于企业在复杂多变的市场环境中实现采购成本的精细化控制。

二、大数据时代采购成本风险识别与控制

在采购活动中，企业面临多种风险，这些风险不仅会影响采购成本，还可能对供应链的稳定性产生不利影响。常见的风险因素包括市场价格波动、供应商的不稳定性、合同执行中的违约行为等。大数据技术的引入，使得企业能够通过数据分析和风险预测，更加精准地识别和控制采购过程中的各种风险，保障采购活动顺利进行。

（一）市场价格波动分析与风险预测

市场价格波动是影响采购成本的主要风险之一，原材料价格的上下波动，直接影响采购支出和成本预算的稳定性。为应对这一风险，企业可以利用大数据技术对历史价格数据进行趋势分析，并结合当前市场动态信息，预测未来的价格变化趋势，从而为采购决策提供科学依据。

大数据平台可以整合来自多个渠道的数据，通过机器学习算法和时间序列分析，建立价格预测模型，对未来的价格走势进行预判。例如，当系统分析发现某类原材料的价格在短期内有上涨的趋势时，企业可以选择提前锁定采购订单，规避价格上涨带来的额外成本。实时监控市场新闻、政策变化、经济数据等外部信息，也为价格风险预测提供了重要补充。例如，国际原材料市场的政策变动、关税调整、汇率波动等，都可能导致原材料价格大幅波动。大数据分析工具能够将这些外部数据与内部采购需求相结合，形成全面的价格波动风险评估，帮助采购管理者制定更加灵活的采购策略。此外，通过预测模型与实际价格走势的对比分析，企业还可以不断优化预测模型，提高价格预测的准确性，为未来的采购活动提供更可靠的数据支持。

（二）供应商绩效评估与风险管理

供应商的表现直接关系到采购成本和供应链的稳定性，供应商交付不及时或产品质量不达标，会对企业的生产计划和财务成本造成不利影响。因此，供应商的绩效评估与风险管理是采购成本控制中的关键环节。大数据技术通过对供应商的多维度数据进行深入分析，帮助企业全面评估供应商的稳定性和成本效益，识别潜在的供应风险。

供应商绩效评估不仅包括对历史交付数据的分析，还涵盖产品质量、交货及时性、价格变动趋势、合同履约情况等多个方面。例如，通过对供应商的交货记录和产品质量数据进行分析，企业可以发现哪些供应商在质量控制方面存在问题，或在哪些交付环节经常出现延迟。大数据技术还能对供应商的财务状况进行监控，提前识别供应商的财务风险，如资金链紧张或破产风险等，从而在风险发生之前采取替代措施。另外，价格分析是供应商绩效评估的重要部分。通过对供应商报价与市场价格的对比分析，企业可以发现供应商的定价策略是否合理，是否存在超出市场水平的情况。如果发现某供应商价格持续偏高且没有显著的质量优势，企业可以考虑重新评估供应商组合，选择更具竞争力的合作伙伴。通过大数据驱动的供应商绩效评估，企业可以及时发现并规避供应风险，还可以优化供应链的整体成本结构，从源头上控制采购成本，实现采购的高效和稳定。

（三）大数据驱动的采购合规性监控

采购合规性监控是采购成本控制中不可忽视的环节，合规性不仅影响企业的财务健康状况，还涉及法律风险和声誉风险。在复杂的采购过程中，合同执行、付款审批、价格变动等都可能产生合规性问题。大数据技术通过对采购流程中的数据进行全面监控和分析，可以有效识别和防范合规风险，确保采购活动在合法、合理的框架内进行。

大数据驱动的合规性监控系统能够自动审查采购流程中的各个环节，如自动检查合同条款是否符合企业的采购政策和预算规定，对可能存在的异常条款发出警报。通过自动化的合规性监控，企业可以避免因为条款疏忽导致的财务损失，或因为合同漏洞引发的法律纠纷。此外，合规性监控系统还能跟踪每笔采购付款的审批流程，确保付款记录和实际采购情况相符，防止虚假交易或预算超支的情况发生。在价格变动方面，合规性监控系统可以通过对比历史价格和当前合同价格，识别出价格异常或不合理上涨的情况，提醒采购管理者进行重新谈判或调整采购计划。合规性监控系统还可以记录并分析与供应商的所有沟通和合同变更记录，确保所有的变更都经过适当的审批和记录，杜绝未授权的合同修改或不合规的采购行为。这种基于大数据的合规性监控，不仅提高了采购过程的透明度，还减少了人为因素对采购决策的干扰，保障采购活动合法合规顺利进行。

通过实时监控、智能分析和自动审查，大数据驱动的合规性监控能够为企业建立起一套完整的风险防控体系。这一体系不仅覆盖了采购成本的合规性控制，还能帮助企业在采购活动的各个环节发现潜在的风险点，从而及时采取应对措施，减少财务损失和法律风险。合规监控的高效性和精准性，使企业的采购管理变得更加规范和透明，采购成本控制也因此更具可靠性和可持续性。

三、大数据时代采购流程优化与成本控制

优化采购流程、精细化管理采购成本是提升企业财务效益的有效途径。大数据技术在采购流程优化和成本控制中提供了多种创新解决方案，具体如下所述。

（一）数据分析指导下的采购流程优化

通过大数据分析，企业可以对采购流程中的瓶颈和低效环节进行识别，并制定相应的优化措施。例如，分析采购订单的处理时间、审批时间、合同签署时间等数据，发现流程中的拖延点，并进行改进。同时，大数据可以帮助企业优化供应商的选择和合同谈判策略，减少不必要的沟通环节和成本支出。优化后的采购流程更具流畅性，能够大幅度提高采购执行效率，降低管理成本。

（二）库存与需求数据的精准匹配

库存管理是采购成本控制的重要内容，大数据技术通过对库存数据和市场需求数据的实时分析，实现库存与需求的精准匹配。通过预测性分析，企业可以预测未来的采购需求，避免因库存过多而增加存储成本或因库存不足而影响生产。大数据分析还能够优化采购计划，减少不必要的采购频率和紧急采购，提高采购的经济性。精准的库存与需求匹配，使得企业能够在保持生产运营稳定的同时，实现库存成本的最小化。

（三）智能化采购决策支持系统

智能化采购决策支持系统通过大数据分析、机器学习算法和人工智能技术，为采购管理提供全方位的决策支持。系统可以对历史采购数据、市场行情、供应商表现等多维度数据进行分析，为采购经理提供智能建议。例如，系统可以根据当前市场状况，识别最优的采购时机和采购量；在选择供应商时，系统可以提供基于数据的绩效排名和风险评估。智能化决策系统的应用，减少了采购管理中的主观判断，提高了决策的客观性和科学性。同时，系统的自动化执行功能，还能实现采购订单的快速生成、合同签署、支付审核等一系列操作，提升采购执行的效率与精准度。

第三节　大数据时代采购成本管理的创新模式
与实践路径

一、数据驱动的采购决策支持

在大数据时代，采购决策不再依赖经验和传统的市场调研，而是更多地依靠数据分析和智能化技术。数据驱动的采购决策支持通过对多维数据的分析，可以帮助企业制定更加科学、精准的采购策略，从而优化采购流程，提高采购效率。

第三章　大数据时代采购成本管理创新与实践路径

（一）大数据技术赋能采购策略制定

大数据技术为采购策略的制定提供了强大的数据支撑，通过对历史采购数据、市场动态、供应商表现等多维数据的综合分析，企业可以深入了解采购行为的内在规律，创新采购策略。例如，大数据可以帮助企业分析不同采购周期的成本变化，识别最佳的采购时机；通过对市场趋势和价格波动的预测，企业可以预判未来的价格走势，提前锁定低价采购，避免市场波动带来的不确定性。

大数据技术的应用，不仅提高了采购策略的制定效率，还增强了采购的应变能力。在市场环境瞬息万变的情况下，数据驱动的采购策略可以帮助企业及时调整采购计划，快速响应市场变化，确保采购活动的灵活性和稳定性。通过数据分析，企业能够更好地理解市场需求和竞争态势，为制定高效的采购策略提供坚实的基础。

（二）预测性分析在采购量与价格控制中的应用

预测性分析可以有效预测未来的采购需求和价格变化，帮助企业实现精准的采购量控制和价格优化。通过大数据平台，企业可以建立多种预测模型，如时间序列分析、回归分析、机器学习等，对采购量和市场价格进行预测。

在采购量控制方面，预测性分析可以帮助企业准确预测未来的需求量，避免因采购过量导致的库存积压和资金占用，同时防止采购不足引发的生产停滞。系统可以根据历史销售数据、季节性因素、市场需求等因素，预测未来的采购需求，为企业制订采购计划提供科学依据。在价格控制方面，预测性分析可以通过对市场供需关系、原材料价格走势、国际市场动态等数据的分析，帮助企业把握最佳的采购时机。

（三）基于数据的供应商优化与选择

供应商选择是采购管理中的关键环节，对采购成本和供应链的稳定性有直接影响。传统的供应商选择通常依赖于供应商的报价、合作经验等有限的信息,而大数据技术能够提供更为全面和深入的供应商评估和优化工具。通过对供应商的历史交付数据、产品质量、价格变化、合同履约情况、财务健康状况等多维度数据进行分析,企业可以识别出最优供应商组合,从而优化供应链。

大数据技术可以帮助企业建立供应商绩效评估模型,对供应商的表现进行综合打分和排名。例如,通过分析供应商的交货及时性和产品质量数据,企业可以识别出那些在关键时刻能够提供稳定服务的供应商;通过对供应商的价格变动趋势进行分析,企业可以发现哪些供应商提供的报价更加合理和具有竞争力。通过数据分析,企业可以不断优化供应商组合,淘汰表现不佳的供应商,确保采购的连续性和质量。同时,大数据可以帮助企业识别供应商的风险,如供应商的财务状况恶化、供货不稳定等问题,帮助企业提前采取应对措施,降低供应链风险。

二、智能采购平台的构建与应用

智能采购平台是实现数据驱动采购决策的重要载体,不仅能够提高采购流程的自动化和透明化,还能显著提高采购决策的效率和准确性。运用智能采购平台需要进行全面的需求分析和系统设计,包括数据架构设计、功能模块开发、系统测试和部署等环节。该平台的核心功能包括数据采集与清洗、实时监控与预警、智能分析与决策支持等,可以实现对采购流程的全程管理和数据驱动的决策支持,显著提高企业采购的效率和透明度。

(一)智能采购平台的数据集成与协同管理

智能采购平台的优势在于其数据集成与协同管理能力。智能采购平台可以集成来自采购、库存、销售、财务、供应商等多个部门的数据,实现跨部门的数据共享与协同管理。数据的集成与共享,可以打破"信息孤岛",为采购决策提供更加全面和实时的数据支持。

智能采购平台的数据协同管理功能能够确保不同部门之间的信息流畅和一致。例如,采购部门可以实时查看库存数据和销售数据,确保采购计划与实际需求匹配，避免库存积压；财务部门可以实时监控采购支出与预算执行情况，确保采购活动在预算范围内进行；供应商可以通过该平台获取订单信息、付款进度等，提高供应链的透明度和效率。数据的集成与协同，不仅提高了采购管理的效率，还增强了整个供应链的协调性，提高了反应速度。

（二）实时数据分析在采购决策中的应用场景

实时数据分析是智能采购平台的重要功能之一，通过对实时数据的分析，企业可以实现采购决策的动态调整和优化。

在采购过程中，实时数据分析可以应用于多个场景，如实时监控市场价格、跟踪供应商交付情况、评估采购执行效果等。例如，在市场价格监控方面，智能采购平台可以实时获取最新的市场价格数据，与企业的采购计划进行比对，帮助管理者识别出最佳的采购时机。在供应商管理方面，实时分析可以帮助企业监控供应商的交货进度和产品质量，及时发现并解决交付延迟或质量问题，确保采购活动顺利进行。此外，实时数据分析可以用于采购执行效果的评估，通过对采购成本、供应商表现、合同执行情况等数据的实时跟踪，企业可以快速调整采购策略，优化采购执行。

三、采购成本优化的实践路径

通过大数据和智能化技术的应用，企业在采购成本优化方面有了更多的创新实践路径，以下是几条典型的采购成本优化路径。

（一）供应链协同采购的创新实践

供应链协同采购是一种基于大数据的采购模式，通过与供应链上下游的合作伙伴共享数据，企业可以实现采购计划的协同优化。协同采购不仅能够提升供应链的整体效率，还能通过规模效应降低采购成本。例如，通过共享销售预测数据和生产计划，供应商可以更好地安排生产和库存，减少供应链的不确定性。

（二）数据驱动的采购谈判与合同管理

数据驱动的采购谈判与合同管理是采购成本优化的重要手段。通过大数据分析，企业可以获取供应商的定价策略、市场价格趋势、历史谈判记录等信息，为采购谈判提供数据支撑。在合同管理方面，大数据可以实现合同条款的智能审核，识别出可能存在的成本风险和不合理条款，确保合同的合规性和经济性。数据驱动的谈判与合同管理使采购成本控制更加精准和高效。

（三）动态定价与采购成本优化策略

动态定价是大数据在采购成本优化中的创新应用，通过实时分析市场供需关系、价格波动、库存水平等因素，企业可以灵活调整采购定价策略。例如，当库存水平较高且市场需求疲软时，企业可以通过动态定价策略，推迟采购计划，待市场回暖后再进行采购；在市场供不应求的情况下，则可以提前锁定采购价格，防止价格上涨带来的成本增加。动态定价与采购策略相结合，为企业提供了更大的成本优化空间。

第四节　智能化采购管理系统在采购成本管理中的创新与实践路径

一、智能化采购管理系统的构建

智能化采购管理系统是实现现代采购管理的核心工具，通过集成大数据、人工智能和机器学习等先进技术，系统能够实现采购流程的自动化、决策的智能化以及风险的实时监控。下面从架构设计、数据集成、AI 与机器学习应用等方面探讨智能采购系统的构建。

（一）智能化采购系统的架构设计与模块化开发

智能化采购系统的架构设计是构建高效系统的关键，系统架构通常采用模块化的设计思路，以保证系统的灵活性和扩展性。模块化设计将整个系统分解为多个功能模块，如数据采集模块、采购流程管理模块、供应商管理模块、决策支持模块、风险管理模块等。各模块之间通过接口相互连接，既能够独立运行，又能够协同工作，形成一个完整的采购管理系统。

架构设计应考虑系统的稳定性、安全性和高效性，采购系统需要处理大量的数据，包括实时的市场价格、供应商信息、订单执行情况等，因此，采购系统还需要具备强大的数据处理能力和良好的用户体验。为了保证采购系统的可靠性，系统应具备高可用性架构设计，如分布式数据库和容错机制，确保在高负载或出现故障时能够正常运行。模块化开发的优势在于可以根据企业需求灵活调整和扩展系统功能，支持不断升级和优化，适应采购管理的新需求。

（二）数据集成与系统互联互通技术

智能化采购系统的一个显著特点是能够实现多源数据的集成与系统之间的互联互通。采购管理涉及多个部门和外部合作伙伴，数据来源广泛且复杂，为实现数据的无缝集成，系统需要采用先进的数据集成技术，如 ETL 工具、应用程序编程接口、中间件等，将各类数据汇聚到统一的平台进行处理和分析。

系统的互联互通要求智能采购系统能够与企业现有的 ERP 系统、财务系统、库存管理系统、供应链管理系统等无缝对接，实现数据的实时更新与共享。通过数据集成，采购管理者可以在一个平台上查看各类数据的实时动态，如库存水平、订单状态、供应商表现等，为采购决策提供全面的数据支持。此外，系统需支持与外部数据源的连接，如市场价格数据库、行业分析平台等，为采购策略制定提供更广泛的信息来源。互联互通技术的应用，打破了"信息孤岛"，提高了采购决策的速度和精准度。

（三）AI 与机器学习在采购管理系统中的应用

AI 和机器学习是智能采购系统的核心驱动技术，可以分析大量的历史数据和实时数据。AI 技术能够为采购管理提供智能化的决策支持；机器学习算法能够分析采购数据中的模式和趋势，预测未来的市场走向、需求变化和价格波动，为采购计划的优化提供科学依据。

在采购管理系统中，AI 技术可以实现多项智能化应用，如自动推荐采购策略、供应商评估与选择、风险预警与防范等。例如，机器学习模型可以根据历史交付记录和产品质量数据，为采购管理者推荐最优供应商；自然语言处理技术可以分析合同文本，自动检测出不合规条款；深度学习模型可以识别采购流程中的异常行为，提前预警潜在风险。AI 与机器学习的应用，使采购系统从简单的流程自动化，进化为具有智能分析和自我学习能力的高级管理工具。

二、智能化采购系统的实践应用

智能化采购系统不仅在架构和技术上具备优势，其实际应用还大大提高了采购流程的效率和准确性。下面进一步探讨智能化采购系统在实际采购管理中的创新应用和具体功能。

（一）自动化采购流程的创新应用

智能化采购系统的自动化功能是其显著优势之一，通过流程自动化，企业可以显著减少人工干预，提高采购流程的执行速度和精准度。系统能够自动完成从需求申请、采购订单生成、供应商询价到合同签订、付款审批的全流程操作，减少人为操作的失误。

自动化采购流程的核心在于通过智能算法和规则引擎，根据预设的采购策略和业务规则自动执行操作。例如，当系统检测到库存水平低于安全库存时，会自动生成补货订单并发送给合适的供应商；在合同管理中，系统可以自动检查合同条款的合规性，并根据审批流程自动化处理。自动化流程的应用，使得采购活动更加高效、透明，缩短了采购周期，降低了操作成本，同时减少了出现人为错误的可能。

（二）实时数据驱动的采购决策与执行优化

智能化采购系统的实时数据分析功能，为采购决策提供了强有力的支持。通过对实时数据的监控与分析，系统可以动态调整采购计划和执行策略，优化采购效果。例如，在市场价格波动较大的情况下，系统可以实时分析价格变化趋势，建议采购管理者在最佳时机进行采购，从而实现成本最小化。

在执行优化方面，系统可以实时跟踪采购订单的执行情况，包括供应商的响应速度、交货时间、质量检测结果等。当出现供应商延迟交货或质量不达标时，系统能够立即发出预警，采购管理者可以根据系统建议，迅速调整供应商或订单，确保采购流程的顺利进行。实时数据驱动的采购决策与执行优化，使得采购管理具备更强的响应能力和灵活性，可以帮助企业在市场变化中始终保持竞争优势。

（三）智能化采购系统的风险预警与管理功能

风险预警与管理是智能采购系统的重要功能之一，采购活动中存在多种风险，如市场价格波动、供应商不稳定、合同违约等，系统通过数据分析与实时监控，能够及时识别和预警这些风险。同时，系统可以基于大数据分析，建立风险预测模型，动态评估市场变化、供应商表现和合同执行情况，提前识别潜在风险。例如，当系统检测到某供应商交货延迟频繁，或市场价格波动超出预设阈值时，会自动发出风险预警，并建议采购管理者采取应对措施，如调整供应商或修改采购计划；系统还能实时监控采购合同的执行情况，确保合同条款得到严格执行，避免因合同违约带来的财务损失。

智能化的风险预警与管理功能，为采购管理增添了一道防护屏障，有效降低了采购过程中的风险水平。

三、智能化采购系统的实施与优化路径

智能化采购系统的实施与优化是一个持续改进的过程，需要克服多种挑战，并根据实际应用效果不断进行调整和升级。

（一）智能化采购系统实施中的挑战与应对策略

在智能化采购系统的实施过程中，企业面临的挑战主要包括技术复杂性、数据质量问题、系统兼容性等。技术复杂性主要体现在系统的架构设计、模块开发和数据集成等方面，特别是涉及多个系统之间的互联互通时，可能出现技术瓶颈。数据质量问题如数据缺失、不一致等，会影响系统的分析和决策能力。系统兼容性问题则表现在新系统与现有系统之间的整合，可能会遇到数据格式不一致、接口不兼容等问题。

为应对这些挑战，企业需要制订详细的实施计划，包括需求分析、技术选型、系统测试、用户培训等步骤。例如，加强数据治理，确保数据的准确性和一致性是保证系统运行效果的关键；在系统兼容性方面，可以通过中间件或数据接口技术，实现新旧系统的平滑衔接；针对员工技能不足的问题，企业应加大对员工的培训力度，提高他们对智能化采购系统的使用能力。

（二）系统优化与升级路径：从数据到智能化

智能化采购系统的优化与升级是一个持续的过程，需要不断完善数据分析模型和优化系统功能。系统优化的方向包括数据处理速度的提高、算法模型的精度优化、用户界面的改进等。通过不断完善和调整数据分析模型，系统可以提高预测的准确性，为采购决策提供更为精准的建议。

系统升级路径则可以从数据到智能化逐步推进，即从数据的整合与清洗，到智能化分析与决策支持，再到最终的全自动化执行。随着技术的发展，系统可以不断引入新的 AI 算法和智能技术，如深度学习、强化学习等，使采购管理从被动响应转变为主动优化，从而进一步提高企业的采购效率和成本控制能力。

（三）智能化采购系统在成本控制中的未来趋势

未来，智能化采购系统在成本控制中的应用将会越来越广泛和深入。随着技术的进步，系统将具备更强的自我学习能力和智能决策能力，能够自动适应市场变化，实时调整采购策略。同时，区块链技术的引入，可以为采购系统的安全性和透明度提供保障，确保采购数据的真实性和不可篡改。

在未来的智能化采购系统中，采购与供应链的深度融合将成为趋势，系统不仅关注采购环节的优化，还会与生产、物流、库存等环节紧密联动，实现全链条的智能化管理。随着 5G 技术和物联网的发展，实时数据采集和分析将更加普及，这为智能化采购系统提供了更为丰富的数据支持，可使采购管理的智能化水平不断提升，为企业的财务管理和成本控制带来更大的效益。

第四章　大数据时代物流成本管理创新与实践路径

第一节　物流成本管理简述

一、物流成本产生及理论基础

在全球化竞争日益激烈的背景下，很多企业面临着巨大的外部竞争压力。为应对市场中的种种挑战，企业需不断提高管理水平，通过转型升级等手段寻求有效的解决方案。在众多成本因素中，物流成本作为一种隐性成本，被视为"第三利润"的来源，是提升竞争优势的重要因素。因此，优化物流管理，不仅能够减少整体运营支出，还能在竞争激烈的市场环境中争取更大的利润空间和发展机遇。

（一）物流成本的概念

成本在各个领域中具有多样化的含义，其实际应用也呈现出多种形式。要全面理解成本的概念，需要从不同领域和角度加以考察，尤其要区分和理解不同类型的成本，如会计成本和管理成本。这种区分有助于企业更准确地认识成本在具体情境下的作用和影响，从而更有效地进行成本控制与优化。

从会计成本和管理成本的视角来看，物流成本属于管理成本的范畴，是基于物流管理需求而形成的成本概念。物流管理的核心任务在于对物流成本的有效管理，物流成本不仅能够衡量物流运作的效率和效果，还能真实地反映物流活动的实际情况，目前已成为评价各种物流活动的通用标准。对物流成本进行分析和控制，可以优化资源配置，提高物流系统整体运行的效益，无论是在企业、公共部门，还是在其他组织中，都具有重要的参考价值。[①]

物流成本的定义为"物流活动中所消耗的物化劳动和活劳动的货币表现"，涵盖了产品在实际运动过程中的所有支出，包括包装、运输、储存、流通加工和物流信息处理等环节所需的人力、物力和财力总和。物流成本代表完成各种物流活动所需的全部费用，是特定物流活动的具体体现。在任何生产经营或物流活动中，所有直接与物流相关的支出均应计入物流成本，而那些无法合理归类为物流活动的支出，如财务管理费用、人员工资或行政费用等，则不属于物流成本的范畴。物流成本计算通常从原材料采购开始，以物的运动过程为核心，涉及的费用独立于物的本身价值，仅包括因物的流动而产生的费用支出。这种定义适用于广泛的应用场景，不局限于企业，还涵盖其他组织和实体的物流活动。

（二）物流成本管理的概念

物流成本管理是对物流成本进行调查、分析、预测及控制等管理活动，通过管理物流成本达到物流管理的目的，可以说是以成本为手段的物流管理，通过对物流活动的管理降低物流费用。

物流成本管理是物流管理的永恒课题，只是在经济发展的不同时期，物流成本的概念随着人们对物流管理的认识变化而变化。当人们认为物流处于物理分布阶段时，物流成本管理的重心在于销售物流领域；当人们对物流的认识进入物流管理阶段时，物流成本管理扩展到供应物流、生产物流领域，物流总成本的意识得到增强。现今，越来越多的人认为物流管理属于供应链的范畴，对物流成本最小化的追求，已经超过个别企业的边界，追求的是整个供应链、整个流通过程物流成本的最小化。由此，考虑

[①]　苏畅. 辽河油田物资公司成本管理案例研究 [D]. 大连：大连理工大学，2009.

到供应链的因素，物流成本包括供应物流成本、生产物流成本、销售物流成本、逆向物流成本。甚至考虑到人类的可持续发展，物流成本还必须包括由物流活动给环境带来的损害产生的环境资源耗损成本与环境治理成本，即物流的绿色成本也纳入物流成本管理的潜在对象。

物流成本管理是指通过系统化的分析、控制和优化方法，有效地管理和减少在物流活动中产生的各类成本，以提高整体物流效率和效益。物流成本是物流活动中所有物化劳动和活劳动的货币表现，涵盖了从采购原材料、包装、运输、储存、分销到物流信息处理等各个环节的支出。因此，物流成本管理的核心目标在于优化资源配置，降低成本，提高服务水平，从而增强企业整体竞争力和经济效益。[①]

物流成本管理涉及多个方面的内容。首先，物流成本管理包括成本的识别、分类、核算和分析。通常将物流成本分为运输成本、仓储成本、库存持有成本、订单处理成本、装卸搬运成本，以及与物流活动相关的其他成本。明确这些成本的构成和类别是进行成本管理的基础。在此基础上，物流成本管理还包括成本的核算与分析，通过准确核算物流活动中产生的各类费用，企业或组织能够了解物流成本的构成及其变化趋势，为后续的成本控制提供数据支持。其次，物流成本管理强调成本的控制与优化。成本控制是指在既定的预算范围内，合理使用资源，确保物流活动按计划进行而不超出成本限制。成本优化则是在保证服务质量的前提下，通过重新设计物流流程、提高作业效率、减少浪费等手段，实现物流成本的最小化。例如，通过优化运输路线、改进仓储管理方式或采用更先进的物流信息技术来减少不必要的支出，提高物流作业效率。最后，物流成本管理包括成本绩效的评估和反馈，通过定期评估物流成本管理的效果，企业能够识别出在成本控制方面的不足和改进空间。评估通常基于一定的绩效指标，如单位运输成本、库存周转率、订单处理时间等，这些指标能够反映

---

① 王英. 运输经济下的物流成本与降低措施研究 [J]. 运输经理世界，2023（16）：70-72.

物流成本管理的效率和效果。通过这些数据的分析，管理者可以及时发现问题并做出相应的调整措施，确保物流活动保持在最优成本状态下运行。

　　物流成本管理具有广泛的应用价值，不仅适用于企业，也可在公共部门、非营利组织等各类机构中得到应用。有效的成本管理有助于减少资源浪费，提高服务质量和工作效率，增强市场竞争力。同时，良好的物流成本管理可以促进可持续发展，减少物流过程中的能源消耗和环境污染，符合绿色经济的发展方向。①

（三）物流成本管理的内容

1. 物流成本核算

　　物流成本核算是指根据预先确定的成本计算对象，运用适当的计算方法，并按照规定的成本项目，通过对各类物流费用的归集和分配，最终计算出物流活动的实际总成本和单位成本。这一过程旨在准确反映物流过程中产生的各项费用，确保成本数据的完整和可靠，从而为优化成本管理提供依据。

2. 物流成本决策

　　物流成本决策是一种基于预测的通过系统化的程序从未来多个可供选择的成本方案中选出相对较优方案的过程。这一决策过程包括对各种可能的方案进行评估和选择，如新建、改建或扩建仓库和配送中心的选项，以及装卸搬运设备的购置决策等。通过分析不同方案的成本效益和潜在风险，最终选出能够在资源利用、成本控制和服务质量之间取得最佳平衡的方案，以实现物流管理的优化和成本的有效控制。

3. 物流成本预算

　　物流成本预算是依据确定的物流成本决策方案、预算期间的任务目标及相关数据，通过特定的方法，以货币形式制定预算期间内各物流环节的费用和成本控制标准。物流成本预算不仅包括对各环节成本和耗费水平的

---

① 程瑶. 新时期下企业物流的成本管理[J]. 现代企业教育，2009（22）：97-98.

明确规定，还包含确保成本计划顺利执行的各项保障措施。其目的在于通过科学合理的预算编制和实施，有效管理物流活动中的资源支出，控制成本，优化运作效率，从而实现既定的成本控制目标和财务计划。

4. 物流成本分析

物流成本分析是在成本核算及其他资料的基础上，运用一定的方法，揭示物流成本水平变动的原因，进一步查清影响物流成本变动的各种因素，并计算出企业的物流成本效率指标。

5. 物流成本预测

物流成本预测是根据有关的物流成本数据和其他的相关信息，运用一定的技术方法，对未来的物流成本水平及其变动趋势作出科学的预测。物流成本管理的许多环节都存在成本预测问题，如运输环节的货物运输量预测、仓储环节的库存预测，以及流通加工环节的加工预测等。①

6. 物流成本绩效评价

物流成本绩效评价是通过运用特定的方法和指标体系，依据统一的评价标准，按照既定程序对物流活动的财务指标进行定性和定量分析。其目的是全面反映物流成本效益和运营成果的水平，帮助企业识别成本管理中的优势和不足。这一过程强调通过数据分析和对比，客观评估物流系统的整体表现，以支持进一步优化成本结构和提高运营效率。

7. 供应链物流成本管理

供应链物流成本管理是对供应链中的各类成本及其影响因素进行深入分析，并对供应链整体绩效进行评价，以实现对物流成本的有效控制，进而提高客户服务水平。这个管理过程涉及多个相互关联、密切配合的内容，是一个有机的整体。

物流成本核算是物流成本管理的基础工作，旨在准确计算各项物流活动中的实际成本，为后续管理提供数据支持。物流成本分析是对已有成本

① 苏新成. 华天科技公司物流成本管理优化方案[D]. 兰州：兰州大学，2013.

数据进行系统评价和探讨，揭示成本变化的原因和趋势。物流成本预测是制定物流成本决策的前提，通过预测未来可能的成本支出，帮助企业制定更具针对性的管理策略。[①]物流成本预算将成本决策方案具体化，明确预算期间内各环节的支出标准和控制目标。物流成本控制是指在预算执行过程中采取各种措施，以确保各项支出符合预算标准，实现既定目标。物流成本绩效评价是对物流成本决策的合理性和成本控制的有效性进行评估，肯定管理工作的成果，同时发现存在的问题，为未来的改进和新决策提供依据。

供应链物流成本管理为物流成本管理提供了一个全新的视角，即从供应链整体角度出发，通过各种有效手段控制物流成本，不仅在单一环节上实现了成本优化，还在整个供应链范围内提升了服务水平和绩效。供应链物流成本管理方法强调各项成本管理活动的系统性和协调性，旨在通过综合措施提高供应链的整体效率和竞争力，提高客户满意度。

二、物流成本管理的方法

（一）比较分析法

1. 横向比较

将供应物流、生产物流、销售物流、退货物流和废弃物物流（有时包括流通加工和配送）等各环节的物流费用分别计算出来，并进行横向比较，以确定各部分的费用高低。若发现某一部分，如供应物流的费用最高或异常偏高，则需进一步查明具体原因，并改进管理方法，从而有效降低物流成本。这种分析和比较的过程，有助于企业发现物流环节中的问题区域，优化资源配置，提高整体物流效率，实现成本控制目标。

2. 纵向比较

将历年的各项物流费用与当前年度的物流费用进行对比分析，若发现

---

① 程嘉. 安源客车制造有限公司物流成本管理研究 [D]. 长沙：中南大学，2013.

费用有所增加，则需深入分析原因，找出具体问题所在，并采取针对性的改进措施。这种比较和分析的过程，有助于企业识别费用增长的来源，及时调整管理策略，优化物流流程，以实现更高效的成本控制和资源利用。

3. 实际与计划比较

将当年实际支出的物流费用与最初制定的物流费用预算进行对比分析，如果发现超出预算，则需进一步分析超支的原因，以识别物流管理中的问题和薄弱环节。这种对比分析有助于企业找出支出与预算不符的具体因素，从而调整管理方法，改进流程，确保未来的物流活动更加高效并符合成本控制目标。

（二）活动优化法

活动优化法是一种通过优化管理物流过程来降低物流成本的管理方法。物流过程是一个创造时间和空间价值的经济活动，为了提供最佳价值效能，必须确保各环节的合理化和流程的顺畅。由于物流系统庞大而复杂，需要借助先进的管理手段和方法进行优化，通常先在单项活动范围内进行，再扩展到整个系统的模拟，利用最有效的数理分析方法组织和优化物流系统，使其更加合理化。

1. 货物运输优化

为实现货物运输优化，可采用线性规划和非线性规划制订最有效的运输计划。运输问题是物流过程中常见的问题之一，当物品的生产成本、单位运输费用、运输距离、生产能力和需求量均已确定时，可利用线性规划来降低物品从生产地到消费地的总运输费用。如果生产量发生变化且生产费用呈现非线性，则需采用非线性规划来解决问题。常用的线性规划求解方法包括单纯形法和表上作业法，对于大规模和计算复杂的运输问题，可以借助计算机软件进行求解，以实现运输过程的优化。

2. 货物配送优化

为了实现货物配送优化，可以运用系统分析方法来选择最佳的配送线路。配送线路指的是在向各客户送货时每辆送货车所经过的路线，其合理性直接影响到配送速度、车辆的有效利用和配送成本。确定优化配送线路的成熟方法之一是节约法，也称为节约里程法，是指通过分析和调整路线安排，减少运输距离和费用，提高物流效率，实现更高效的配送过程。

3.物资储存优化

储存是物流系统的核心环节，物资从生产到到达最终用户手里的过程中几乎每个阶段都会涉及储存问题，因此合理库存量的确定至关重要。存储论提供了解决这一问题的理论基础，其中经济订购批量模型（EOQ 模型）是常用的方法之一，能够有效平衡库存成本和订购成本，从而优化储存管理，提高物流系统的整体效率。

4.系统优化

通过模拟技术对整个物流系统进行研究，可以帮助企业实现系统的优化。此方法设定了三个主要目标：最高的服务水平、最低的物流成本和最快的信息反馈。在模拟过程中，逐次逼近法用于求解多个决策变量，如流通中心的数量、客户服务水平、收发货时间、库存分布等，以实现系统的整体优化。这种技术能够帮助企业在复杂的物流环境中找到最优的运行方案，提升物流效率和效果。

（三）综合评价法

综合评价法是一种通过分析物流成本的综合效益来发现并解决问题，以加强物流管理的方法。例如，采用集装箱运输具有多方面优势：可以简化包装，降低包装成本；具备防雨、防晒功能，能保护运输物品质量；能起到防火、防盗的仓储作用。然而，简化包装可能会降低包装强度，限制仓库内货物堆码高度，导致仓库空间浪费和储存能力下降。通过物流成本这一统一尺度，综合计算和评价各个环节的费用，全面分析其利弊，便是物流成本管理中的综合评价法。

（四）排除法

在物流成本管理中，活动标准管理是一种有效的方法，主要是将与物流相关的活动划分为两类：一类是具有附加价值的活动，如出入库、包装和装卸等与货主直接相关的操作；另一类是无附加价值的活动，如开会、改变工序、维修机械设备等与货主无直接关联的活动。在商品流通过程中，如果能够实现直达送货，就可以避免设立仓库或配送中心，从而实现零库存，减少无附加价值的活动。排除或尽量减少这些无附加价值的活动，可以有效节约物流费用。

（五）责任管理法

责任管理法是一种明确物流成本管理责任主体的有效方法，即将物流成本的管理责任划分给各个责任中心，使其对各自可控的物流成本负责。例如，在生产环境中，虽然物流部门对物流过程本身负有直接责任，但物流成本的根源可能来自销售或生产部门。清晰地划分这种责任有助于控制物流总成本，避免由于各部门随意更改计划而导致不必要的、没有附加价值的物流活动，从而提高整体管理效率和成本效益。

三、物流成本管理的目的和意义

物流成本管理是物流管理的核心内容之一，其关键在于降低物流成本和提升物流服务水平，这构成了物流管理的基本课题。在实际操作中，管理者通过科学、有效的成本管理方法，掌握物流成本的真实情况，识别物流活动中存在的主要问题；基于成本核算结果，制定相应的物流规划和管理战略；对物流活动的相关部门进行比较和评价，确保协调管理，在满足服务要求的前提下，实现物流系统的最低成本运作。

（一）通过物流系统的标准化降低物流成本

物流作为一个完整的大系统，需要制定内部设施、机械设备、专用工具等各分系统的技术标准，并在包装、装卸、运输等领域设定具体的工作标准。从系统整体出发，研究各分系统和分领域之间技术标准与工作标准的协调性，实现整个物流系统的标准化。物流标准化通过规范货物运输过程中的基本设备，如使托盘标准与各种运输和装卸设备标准有效衔接，提升托盘的通用性，同时促进了运输、储存、搬运等环节的机械化和自动化，提升物流配送系统的运作效率，进而降低物流成本。

（二）通过实现供应链管理优化物流体系

实行供应链管理不仅要求提高物流体系的效率，还需协调与其他相关组织及运输业者的关系，实现整个供应链的高效运作。因此，为了达到成本效率最大化，不仅物流或生产环节需要加强管理，各职能部门如采购等也应加强成本控制，共同推动供应链整体优化和协同运作。

提高对客户的物流服务质量不仅能保障自身利益，还能有效降低物流成本，目前已成为管理优化的重要手段之一。

（三）借助现代信息系统的构筑降低物流成本

物流管理成本与物流信息标准化程度密切相关，信息标准化水平直接影响各物流环节或不同组织，甚至跨国物流活动衔接的效率和成本。为实现高效的交易关系，有必要建立现代信息系统，特别是利用互联网等先进技术来协调、控制和管理物流全过程。这样不仅确保各项物流作业或业务处理得以快速、准确地完成，还有助于建立战略性的物流经营系统。

企业利用现代物流信息技术，可以在网络上传输订购意向、数量、价格等信息，使得生产和流通全过程中的各方共享信息带来的效益，快速应对各种潜在需求，从而调整各方的经营行为和计划。这种协调和合作能在短时间内完成，有助于从整体上控制物流成本发生的可能性。此外，物流管理信息系统的快速发展，使得原本混杂在其他业务中的物流活动成本能够被准确计算，而不至于被转嫁到其他部门或合作伙伴。信息化程度越高，越能保证物流活动的透明化和高效性，减少不必要的支出和浪费，提高资源的利用率，增强整体物流网络的运作效率和成本控制能力。

物流成本管理的重要性在于，通过有效监控物流成本，科学合理地组织各项物流活动，利用物流要素之间的效益相互制约关系，强化对物流过程中费用支出的控制，并通过减少物流活动中的物化劳动和活劳动的消耗，实现物流总成本的降低。这不仅有助于提高整个物流系统的运行效率，还能显著提高社会经济效益。良好的物流成本管理可以确保资源的最佳配置，减少浪费，实现可持续发展的目标，从而为经济活动提供更大的支持和保障。

四、物流成本的构成与分类

（一）物流成本的构成

物流成本可以根据其所属的不同领域进行分类，包括宏观层面的物流成本，如涉及国家或区域的整体费用以及微观层面的物流成本，主要指企业或具体物流活动中的成本。

1. 宏观物流成本的构成

宏观物流成本，又称社会物流成本，是指一个国家在特定时期内发生的全部物流成本的总和。通常通过社会物流成本占国内生产总值的比重来衡量一个国家的物流管理水平。国家和地方政府可以通过制定物流政策、区域物流规划、建设物流园区等措施，推动物流产业的发展，进而降低物流成本。各国在测算宏观物流成本的方法上存在差异，目前中国在此方面仍处于探索阶段，尚未形成统一的测算标准。

2. 微观物流成本的构成

微观物流成本是企业在产品物流过程中所发生的各种经济支出，涵盖运输、仓储、库存、包装、订单处理、流通加工、逆向物流及管理等环节，这些成本直接影响企业的运营效率、盈利能力和市场竞争力。

其中，运输成本是物流成本的主要组成部分，包括长途运输、配送、燃油、人力及设备维护费用；仓储成本涉及仓库租赁、存储设备、货物损耗及能源支出；库存成本指由于存货占用资金、库存贬值及存储空间而产生的成本；包装成本包括运输保护、环保包装及标准化包装设计；订单处理与信息管理成本涉及企业资源规划系统、物流管理系统及数据分析的支出；流通加工成本涵盖分拣、贴标、包装等操作费用；逆向物流成本涉及退货、维修及回收体系的维护；管理成本包括物流人员的薪资、培训及协调费用。

（二）物流成本的分类

1. 按物流活动的不同功能环节分类

按物流活动的不同功能环节分类，物流成本总体上由包装成本、装卸成本、运输成本、储存成本、流通加工成本、配送成本和物流信息成本七项构成。

（1）包装成本。包装成本是指在物流过程中，为了保护商品、确保其在运输和储存期间免受损坏，同时便于销售和展示所产生的费用。包装成本主要包括包装材料的费用，如纸箱、塑料膜、缓冲材料等，用于防护、分隔和固定商品。此外，包装成本还涉及包装过程中的人工费用，如进行包装操作的劳动力支出，以及包装设备的购置和维护费用。合理控制包装成本不仅可以有效减少商品损失，提高物流效率，还能增强商品的市场竞争力，提升客户满意度。

（2）装卸成本。装卸成本是指在物流过程中，货物进行装载、卸载、搬运等操作所产生的费用。这些费用不仅包括使用装卸设备的费用，如叉车、起重机等设备的购买、租赁和维护成本，还包括装卸操作所需的人工费用，涉及工人薪酬及相关福利。此外，装卸过程中使用的辅助材料费用，如托盘、保护垫、滑板等，也属于装卸成本的构成部分。有效管理装卸成本，能够提高物流效率，缩短操作时间，降低货物破损率，从而提升整体物流系统的服务水平和成本效益。

（3）运输成本。运输成本是指将货物从起点运输到终点过程中所产生的费用，包括直接费用和间接费用，直接费用如燃料费、路桥费、港口费和保险费等，间接费用如运输工具的折旧、维修费用和人员薪酬等。运输成本受到运输距离、工具选择、货物性质和路线规划等多重因素的影响。合理管理运输成本，有助于降低整体物流费用，提高配送效率，确保货物及时、安全地到达目的地，从而提升客户满意度。

（4）储存成本。储存成本是指在物流过程中，为了将货物存放在仓库或其他存储设施中所产生的各种费用，包括仓库租金、货架和存储设备的折旧与维护费用、管理和操作人员的薪酬、商品因储存时间延长而可能产生的损耗或贬值等。有效控制储存成本可以减少不必要的资金占用，提高库存周转率，增强企业的整体运营效率和竞争力。

（5）流通加工成本。流通加工成本主要包括以下几类：流通加工设备费用，如设备折旧维修等费用；流通加工材料使用，主要指投入加工过程中的材料成本；流通加工人工费用；其他费用，如加工过程中的电力、燃料、油料及车间经费等。

（6）配送成本。配送成本主要包括以下几类：配送运输费，主要指配送运输中发生的车辆费用和营运间接费；分拣费用，主要指分拣过程中发生的人工费和设备费等；配装费用，主要指配装时发生的材料费用和人工费等；其他费用，主要指配送发生的设备使用费、折旧费等。

（7）物流信息成本。物流信息成本主要包括信息处理费、信息设备费、通信费等多个方面。其中，信息处理费涉及数据收集、分析和管理过程中的各种费用，如软件开发和维护成本；信息设备费指用于信息管理的硬件设备购置、更新及维护费用，如计算机、服务器和网络设备等；通信费涵盖了物流信息在各环节间传递过程中产生的费用，如网络服务费用、数据传输费和远程通信费等。

2. 按物流成本的性质角度不同分类

从物流成本的性质看，物流成本主要分为人工成本、营运成本、保管成本、信息成本和其他成本。

（1）人工成本。人工成本主要涵盖管理人员的工资、福利、津贴等费用，还包括工人的工资、福利奖金、加班费、津贴等支出，以及其他相关人员的薪酬、培训费用和各种补贴等。

（2）营运成本。营运成本是指物流过程中发生的各类费用，具体包括在货物运输过程中产生的运输费用、在货物装卸过程中产生的装卸费用，以及与运输和仓储设备相关的折旧费用和日常维护保养费用。此外，营运成本还包括物流操作中所需的各类材料的消耗费用和燃料使用费用等。

（3）保管成本。保管成本包括货物在仓库中存放期间产生的各类费用、因库存物资占用资金而产生的利息费用、与存储管理、盘点和维护相关的人工费用和运营成本等。

（4）信息成本。信息成本主要包括以下几类：与信息处理和管理相关的各类费用，如信息设备费，涉及购买和维护计算机、服务器、网络设备等硬件的成本；消耗品费，指日常办公和信息处理过程中所需的纸张、墨盒等耗材费用；通信费，包括数据传输、互联网接入、电话和其他通信手段的费用。

（5）其他成本。其他成本主要指在物流管理过程中产生的，未被前述各项成本涵盖的费用，包括办公费用和差旅费用，办公费用如日常办公用品的购买、办公场所租赁、设备使用和维护等费用，差旅费用如物流人员因业务需求而发生的交通、住宿、伙食补贴等各类差旅支出。另外，其他成本还包括培训费用、行政管理费用以及其他杂项支出，这些费用虽然在总体物流成本中占比较小，但也是影响物流运营的重要因素。

3. 按物流成本的内外部关系分类

（1）内部发生的物流费用。内部发生的物流费用是指在组织内部各个环节中产生的各种费用，这些费用与组织内部的物流活动直接相关。内部物流费用包括多个方面，主要有仓储费用和内部运输费用等。仓储费用是指在仓库或存储设施中发生的费用，包括仓库租金、设施设备折旧、能源消耗、物料搬运设备维护费用，以及仓储管理人员的工资和福利。内部运输费用则是指在组织内部各个部门、生产单元之间进行物料和产品搬运、调拨等过程中所产生的费用，如车辆购置及折旧、燃料消耗、维修保养费用等。内部物流费用还包括与内部物流管理、库存控制、信息系统维护和运行相关的成本，如数据处理费用、系统维护费用和相关工作人员的培训费用等。

（2）外部发生的物流费用。外部物流费用是指组织在进行物流活动时向外部提供商支付的各类费用，包括委托运输公司所产生的运输费、装卸费和包装费，委托仓储企业进行货物储存和搬运装卸所产生的费用，委托专业包装企业进行货物包装的包装费用，以及为提升物流管理和技术水平而聘请咨询公司或专家、学者进行物流研究和开发所支付的费用。[①]

4. 按物流成本发生的产品流程分类

（1）供应物流费。供应物流费是指在原材料、容器、包装材料从采购到交付给购买方或制造业者的物流过程中产生的费用，包括运输、装卸、储存、包装等各项物流活动中的成本支出。[②]

（2）内部物流费。内部物流费指产品在从运输、包装到最终确定销售给顾客的物流全过程中所涉及的费用，包括各个环节的运输、包装、储存及其他相关操作所产生的成本支出。

（3）销售物流费。销售物流费是指从确定商品销售给顾客到将商品交付给顾客的整个物流过程中产生的费用，包括运输、配送、装卸、包装和其他相关操作的成本支出。

（4）退货物流费。退货物流费指售出产品因退货而引发的各类物流活动中所产生的费用，包括退回运输、重新包装、处理、检验及存储等环节的相关成本支出。

（5）废弃物流费。废弃物流费是指因产品、包装材料或运输容器的处理和废弃而产生的费用，包括废弃物的回收、分类、运输、存储、处理与销毁的各项成本支出，以及废弃物管理的行政费用和合规处理所需的环保费用。

---

① 邓利梅. 企业物流成本核算浅析 [J]. 知识经济, 2007 (9): 106, 108.

② 王爱武. 制造企业物流成本 ABC 计量研究 [D]. 长沙: 长沙理工大学, 2006.

5.按物流成本的性态分类

成本性态，又称成本习性，是指成本总额与业务总量之间的依存关系，这种关系是客观存在的，并遵循一定的规律性。根据成本性态，物流成本可分为变动成本和固定成本。变动成本是随着业务总量的变化而增减的成本，如运输费用和装卸费用等，而固定成本则在一定业务总量范围内保持不变，如仓库租金和设备折旧等。①理解成本性态对于准确预测成本变化、优化成本结构和提高管理效率具有重要意义。

（1）变动成本。变动成本是指成本总额随着业务量的增减而呈现出近似正比例变化的成本，如材料消耗、燃料使用、工人工资等。这种成本的特点是业务量增加时，成本总额也随之增加；业务量减少时，成本总额相应减少。

变动成本有两个主要特征：①变动成本总额随业务量的变化成正比例变动，即成本与业务量成比例增减；②单位变动成本保持不变，即在业务量不为零的情况下，单位变动成本不会因业务量的增减而发生变化，始终保持相对稳定。②

（2）固定成本。固定成本是指在一定业务量范围内，与业务量的增减无关的成本，如固定资产的折旧费和管理部门的办公费用等。其主要特征是在物流系统正常运营的情况下，无论业务量如何变化，这些成本始终保持稳定。

固定成本有两个重要特征：①总额的不变性，即固定成本总额不会因业务量的变化而波动；②单位固定成本的反比例变动性，意味着单位固定成本会随着业务量的增加或减少而成反比例变化。

（3）混合成本。物流系统中还存在混合成本，这种成本既具有固定成本的特征，又包含变动成本的属性，表现为成本总额会随业务量变化而变动，但其变动幅度不一定与业务量变化成正比例。例如，车辆设备的日常

---

① 赵洋.基于交易成本理论的物流管理若干问题研究[D].长沙：中南大学，2006.
② 程嘉.安源客车制造有限公司物流成本管理研究[D].长沙：中南大学，2013.

维修费用便是典型的混合成本。在物流运营中，混合成本占据相当大的比重，为了有效管理和控制混合成本，通常需要将其拆分为固定和变动两部分。拆分方法可以基于历史数据，采用高低点法、散点图法、回归直线法等，也可以通过财务人员利用账户分析法或工程分析法进行细化分解。通过将固定、变动和混合成本进行合理区分和管理，物流管理者能够优化成本结构，提高企业整体运营效率。

6. 按物流成本的可控性分类

按物流成本的可控性，可将物流成本分为可控成本和不可控成本。

（1）可控成本。可控成本是指由成本责任单位能够管理和控制的费用。例如，在生产过程中，直接材料成本可以通过生产部门和供应部门的管理进行控制。对于生产部门而言，由于材料消耗量变化而引起的成本是可控的，因为可以通过调整使用量来影响成本。然而，因市场价格波动所导致的材料成本变化对生产部门来说是不可控的，因为价格受外部市场因素影响，无法直接控制。

作为可控成本必须同时具备以下四个条件：①成本责任单位可以通过一定的方式获知这些成本的具体发生情况及发生的时间；②成本责任单位可以对这些成本进行准确的测量和评估；③成本责任单位可以通过自身的行为和措施来调整和管理这些成本；④成本责任单位可以将这些成本的责任分解落实。[①]

（2）不可控成本。凡不符合前述条件的成本，即成本责任单位无法调节或控制的成本，称为不可控成本。对于这类成本，成本责任单位不应被要求承担其发生的相关责任。

需要注意的是，成本的可控性是相对的，因为它与成本责任单位的管理层级、管理权限和控制范围的大小及管理条件的变化密切相关。因此，在特定的空间和时间条件下，可控成本和不可控成本并非固定不变的，它

① 孙双林. 实行责任成本需要明确的几个问题 [J]. 成都航空职业技术学院学报，2006（2）：57-58，62.

们根据情况的不同而相互转化。例如，随着管理权限的扩大或管理条件的改善，某些原本不可控的成本可能变为可控成本；反之亦然。

7. 按物流成本的核算目标分类

现代成本核算主要有三个目标：①反映业务活动中实际的资源耗费，以便明确成本的补偿范围和标准；②落实成本责任，通过对成本的分解和归属，控制各部门的支出，从而清晰地评估各成本责任单位的经营绩效；③确保物流业务的质量，通过核算和监控与质量相关的成本，确保服务或产品符合既定标准。根据这些核算目标的不同，成本可以分为业务成本、责任成本和质量成本三类，各自对应不同的管理和控制重点。

8. 按物流成本的相关性分类

成本的相关性是指成本的发生是否与特定决策方案相关联的特性。根据这一特性，成本可划分为相关成本和无关成本两种类型，相关成本是直接影响决策结果的成本，而无关成本则对决策结果没有影响。这种分类方法有助于提高成本预测的准确性，并在进行成本决策时提供更明确的依据，从而使企业更有效地制定未来成本的规划和控制措施，确保资源的合理分配和利用，优化决策效果。

9. 按物流成本的计算方法分类

按物流成本的计算方法，可分为实际成本和标准成本。

（1）实际成本。实际成本是指在物流活动过程中发生的所有实际支出的费用，包括运输、仓储、装卸、包装等各项物流环节中所产生的所有费用。①

（2）标准成本。标准成本是基于精确的调查、分析和技术测定所设定的一种预期成本目标，反映了在特定技术水平和管理条件下应达到的成本。通过对比实际成本和标准成本，企业可以计算出成本差异，并分析出

---

① 赵洋.基于交易成本理论的物流管理若干问题研究[D].长沙：中南大学，2006.

现这些差异的原因，从而制定相应的改进措施。[①] 这种成本分类方法有助于有效监控物流成本，提升管理效率和优化资源利用。

第二节　大数据时代物流成本的预测与决策

大数据技术可以对物流成本的历史数据进行深入分析和挖掘，识别出影响成本的关键因素和变化趋势，从而提高成本预测的准确性。通过使用先进的数据模型和算法，企业可以实时预测未来的物流需求和费用支出，为制定有效的成本控制策略提供依据。

在决策层面，大数据为优化物流流程和资源配置提供了支持，决策者能够基于全面的数据分析结果进行更科学的选择，如选择最佳运输路线、优化库存管理和降低仓储成本。大数据的应用还使各类物流活动之间的成本效益关系得以透明化，为整体成本管理提供了更强的决策依据。

一、大数据时代物流成本预测基本简述

在大数据时代，物流成本预测变得更加精准和智能化，通过大量数据的收集和分析，企业能够更好地预估未来物流费用的变化趋势。大数据技术使得历史数据的积累和处理更加高效，可以识别出影响物流成本的关键因素，如运输时间、路线选择、仓储利用率和客户需求变化等。利用大数据分析工具和算法模型，物流管理者能够对各种复杂因素进行动态分析，从而做出更准确的成本预测。

大数据技术支持实时数据分析，使得物流成本预测不局限于长期规划，而且能进行短期调整。通过实时监控运输、仓储和配送等环节的变化，企业可以迅速调整资源配置，优化流程，降低不必要的支出。大数据的应用提高了物流成本预测的响应速度和灵活性，从而为优化物流管理和

---

① 程嘉. 安源客车制造有限公司物流成本管理研究 [D]. 长沙：中南大学，2013.

控制物流成本提供了有力支持。

（一）预测的概念

预测就是根据历史推测未来。确切地说，预测是在对历史资料进行整理和分析的情况下，采用一定的手段对不确定事件或未知事件进行估计或表述，属于探索未来的活动。预测是人类自古就有的活动。据《史记》记载，我国春秋战国时代就有根据市场上商品供求情况的变化来预测商品价格变化的思想。

现代预测技术的发展可以追溯到 20 世纪初期，伴随着经济形势的复杂化和垄断资本对未来形势的迫切需求，预测逐渐成为经济决策中的重要工具。早期的预测方法，如综合指数法和趋势外推法，广泛应用于经济活动中，为经济预测奠定了基础。随着时间的推移，预测技术在欧美得到了广泛传播，各类预测咨询机构的建立，推动了预测的研究与应用。尽管我国的预测研究早在 20 世纪中期就已开始，但其真正的发展和受到重视则是在 1978 年之后。当代预测技术在注重定性分析的同时高度重视定量预测。定量预测通过科学和数学的方法，对事物未来的演变进行数量上的推断。准确的预测不仅需要对预测对象所处领域的深入了解，还需要掌握预测方法的理论基础，这两方面的知识相辅相成，共同支撑着预测技术在各个领域的应用和发展。

（二）成本预测的概念

成本预测是指运用一定的科学方法，对未来成本水平及其变化趋势作出科学的估计。通过成本预测，经营管理者能够掌握未来的成本水平及其变动趋势，有助于减少决策的盲目性。

由于成本预测面向未来，因此成本预测具有三个特点：预测过程的科学性、预测结果的近似性及预测结论的可修正性。这就要求在成本预测中绝不能主观臆断。

（三）物流成本预测的概念

物流成本预测是指依据物流成本与各种技术经济因素的依存关系、发展前景及采取的各种措施，并利用一定的科学方法，对未来期间物流成本水平及其变化趋势作出科学的推测和估计。

物流成本预测是物流成本决策、物流成本预算和物流成本控制的基础，可以提高物流成本管理的科学性和预见性。物流成本管理的多个环节都存在成本预测的问题，如运输成本预测、仓储成本预测、装卸搬运成本预测、配送成本预测等。物流成本预测能使企业对未来的物流成本水平及其变化趋势做到"心中有数"，并能与物流成本分析一起为企业的物流成本决策提供科学的依据，以减少物流成本决策中的主观性和盲目性。

（四）物流成本预测的分类

1. 按预测的期限分类

按预测的期限，物流成本预测可以分为长期预测和短期预测。长期预测指对一年以上期间进行的预测，如三年或五年；短期预测指一年以下期间的预测，如按月、按季或按年。

2. 按预测的内容分类

按预测内容，物流成本预测可以分为制订计划或方案阶段的物流成本预测、计划或方案实施阶段的物流成本预测。

3. 按物流不同功能环节分类

按物流不同功能环节，物流成本预测可以分为运输成本预测、仓储成本预测、装卸搬运成本预测、流通加工成本预测、包装成本预测、配送成本预测等。

二、大数据时代物流成本预测的步骤与方法

（一）物流成本预测的步骤

在大数据时代，物流成本预测的对象通常具有随机性，并与多种复杂的因素相关联。由于各物流功能环节受不同影响因素的制约，预测这些环节的成本背景各异，因此需要运用不同的数据分析方法和技术。为了确保预测结果的客观性和准确性，应遵循系统化的步骤，分别如下。

1. 设定预测目标

进行物流成本预测时，需要设定一个明确的目标，这个目标应与未来的生产经营战略方向一致。利用大数据技术，企业可以分析和挖掘大量相关数据，确定物流成本预测的具体内容和重点领域。[①] 一旦明确目标，大数据工具和算法就能够帮助企业识别关键成本因素和趋势，优化预测模型，提高准确性和效率。这样，数据驱动的预测目标不仅确保了资源的有效利用，还为物流管理提供了更加精准的决策支持，可帮助企业实现整体经营目标。[②]

2. 收集并筛选预测资料

在大数据时代，物流成本指标作为一项综合性指标，涵盖了生产技术、组织管理和经营等多个领域。在进行物流成本预测之前，需要充分收集和整合大量相关数据，通过大数据分析手段去粗取精、去伪存真，筛选关键数据和有效信息。

3. 建立预测模型

在进行物流成本预测时，需要利用大数据技术对收集的相关数据进行科学的加工和处理，采用适当的数学方法建立预测模型，以揭示变量之

---

① 冯媛媛. 浅谈工程项目施工中的成本管理：以 EJ 工程为例 [J]. 企业改革与管理，2014（8）：37-38.

② 王爱武. 制造企业物流成本 ABC 计量研究 [D]. 长沙：长沙理工大学，2006.

间的规律性关系。①这些数学模型通常包含若干参数，因此需要使用收集的数据样本来估算模型的参数，从而最终识别并确认最适合的数学预测模型。

4. 数学预测模型检验

基于历史数据建立的数学预测模型可能与未来实际情况存在偏差，同时数量分析方法本身也包含一定的假设。因此，在大数据背景下，需采用科学的方法对预测结果进行综合分析和判断，及时修正发现的偏差。对具体数学预测模型应进行合理性和误差检验，确保模型的准确性和适用性。②如有必要，应重新回到数据分析和模型构建的步骤中，以优化模型和改进预测效果。

5. 预测与结果分析

利用前面建立的数学预测模型，结合大数据技术，使用相关的物流数据样本进行预测，并在此基础上，根据相关经济理论对预测结果进行合理的分析和解释。这种方法可以确保预测的科学性和可靠性，并为决策提供有力支持。③

（二）物流成本预测的方法

在大数据背景下，物流成本预测的方法多样化，根据预测对象和时间范围的不同而有所差异，主要包括定性预测方法和定量预测方法两大类。这两种方法并非相互排斥，而是相辅相成，可以结合应用。大数据分析为定量预测提供了大量数据和精准模型，同时结合定性预测方法的判断与经验，可以对预测结果进行更全面的评估。这种综合方法可以使最终预测结果更加接近实际情况，提高物流成本管理的准确性和可靠性。

---

① 朱靖. 人力资源管理会计体系构建初探[J]. 会计之友（中旬刊），2010（4）：17-20.

② 潘喆. 工程项目施工成本控制与管理研究[J]. 中国新技术新产品，2011（24）：240.

③ 王冰. 浅谈民航发动机振动趋势预测[J]. 现代国企研究，2015（8）：117.

　　定性预测方法是一种通过逻辑推理和直观判断来预测未来成本的手段，依赖预测者的专业知识、实践经验和分析能力。该方法利用现有资料，通过主观判断进行预测，因此也被称为直观判断法。常见的定性预测手段包括德尔菲法、市场调研法、一般预测法、小组共识法和历史类比法等。定性方法适用于缺乏详细历史数据或无法开展定量分析的情境，可为决策提供支持和指导。

　　定量预测方法是一种基于历史数据和成本与其影响因素之间数量关系的预测手段，通过构建数学预测模型来推测未来成本的变化。根据成本与相关变量之间的特性，定量预测方法可分为趋势预测方法和因果预测方法两类。趋势预测方法通过按时间顺序排列历史成本数据，利用特定数学方法和模型进行计算和预测，包括算术平均法、加权移动平均法和指数平滑法等。此类方法假设事物的发展具有连续性，认为未来是历史的自然延续，因此也称为外推分析法。与此不同，因果预测方法基于成本与其影响因素之间的内在关系，建立数学模型进行分析预测。[①] 这类方法包括本量利分析法、投入产出分析法、回归分析法等。因果预测方法的核心在于利用事物内部因素之间的因果关系来预测未来的发展趋势，可以帮助企业更准确地把握成本变化的驱动因素，为决策提供数据支持，从而制定科学的管理策略。

　　物流成本预测中的定量预测常用的方法有以下四种。

　　1. 算术平均法

　　算术平均法是一种基础的定量预测方法，用于估计未来的成本或需求趋势。它通过计算一组历史数据的简单平均值来预测未来的值。在物流成本管理中，算术平均法可以应用于预测一段时间内的平均成本水平。其基本原理是将某一时期的历史数据相加，然后除以数据的数量，以得到该时间段的平均值。此方法假设过去的数据在未来仍然适用，即历史成本数据的波动性相对较小，变化趋势稳定。

---

① 房钰藂. 施工项目成本的有效预测 [J]. 建材技术与应用，2008（2）：43-44.

算术平均法的优点是简单易用，计算过程直观明了，特别适用于数据稳定、没有显著波动的情境。然而，它的缺点在于对突发变化或趋势性变动的敏感度较低，可能无法充分反映出未来的复杂动态。尽管如此，算术平均法仍然是快速作出初步预测的有效工具，可为进一步的分析和决策提供基础参考，尤其在数据量较小、变化不大的情况下表现良好。简单算术平均法可看作加权算术平均法的特例，即各期权数都为 1。预测期成本的计算公式为：

预测期成本=（$\sum$ 历史各期成本×该期权数）÷各期权数之和　　　（4-1）

2. 加权移动平均法

加权移动平均法是一种改进的定量预测方法，通过为不同时间段的历史数据赋予不同的权重来预测未来趋势。与简单平均法相比，加权移动平均法更加灵活和精确，它考虑到较新数据可能对未来更具代表性，因此通常为最新的数据赋予更高的权重，而较旧的数据权重较低。

这种方法特别适用于数据随时间变化较快或趋势波动较大的情况，能够准确地反映当前的变化趋势。[1]加权移动平均法的优点是能够快速适应趋势变化，提高预测的准确性；然而，它需要选择适当的权重分配，这可能带来一定的主观性和复杂性。在实际应用中，加权移动平均法为短期预测提供了一种平衡精度和简便性的有效工具。

加权移动平均法的计算公式为：

$$Y_{n+1} = \frac{\sum\limits_{i=1}^{n} Y_i \times X_i}{\sum\limits_{i=1}^{n} X_i} \qquad （4-2）$$

式（4-2）中，Y_{n+1} 为第 $n+1$ 期加权平均值；Y_i 为第 i 期的权数（权数的和等于 1）；X_i 为第 i 期的权数（权数的和等于 1）；n 为期数。

---

① 马源杰.基于造船建模2.0框架的精细化派工制度应用研究[D].镇江：江苏科技大学，2018.

3. 指数平滑法

指数平滑法是一种常用的定量预测方法，通过赋予较新数据更大权重，逐步减少对旧数据的影响，从而预测未来趋势。该方法的核心在于对历史数据进行指数加权平均，使最近的数据点对预测结果影响更大，而较早的数据影响逐渐减小。指数平滑法计算简便，仅需要一个平滑系数（通常为 0～1）来调整对新旧数据的权重分配。平滑系数越大，模型对最新数据的敏感度越高。

指数平滑法适用于时间序列数据的短期预测，尤其在数据变化较为平稳、没有显著季节性或周期性波动的情况下表现良好。它的优点是计算简单、数据需求较少，并能有效适应数据的短期波动，但在面对复杂的长期趋势或较大的数据波动时，其准确性可能受到限制。

设以 F_n 表示下期预测值，F_{n-1} 表示本期预测值，D_{n-1} 表示本期实际值，a 为平滑系数（其取值范围为 $0<a<1$），则 F_n 的计算公式为：

$$F_n = F_{n-1} + a\left(D_{n-1} - F_{n-1}\right) = aD_{n-1} + (1-a)F_{n-1} \qquad (4-3)$$

即

$$预测期成本 = 平滑系数 \times 上期实际成本 + (1-平滑系数) \times 上期$$
$$预测成本 \qquad (4-4)$$

4. 一元线性回归预测法

一元线性回归预测法是一种通过统计分析观察数据之间的关系形式来进行预测的有效方法。从数量的角度看，事物的因果关系可用一组变量来描述，因为这种关系反映了自变量与因变量之间的依存性。分析这种变量之间的因果联系，可以建立数学模型来预测未来的状况。利用这种客观存在的变量关系，一元线性回归预测法能够提高预测的准确性，使对未来趋势的判断更加可靠和科学。此方法常用于研究和量化复杂系统中的影响因素，为决策和规划提供重要依据。

根据现有的 x 和 y 数据，回归分析的目标是确定最合理的回归系数 a 和 b，以得到一条最佳拟合的直线。这条直线应尽量使得其上各点与实际数据点之间的距离之和最小化，即误差最小。这种方法可以有效地描述自变量 x 和因变量 y 之间的关系，确保模型更准确地反映数据的趋势和变化情况。这样得到的回归线不仅代表了两变量之间的最优匹配，还能够用来预测或解释未来的趋势。

设变动直线方程为：

$$y = a + bx \qquad\qquad （4-5）$$

回归系数 a 和 b 通常用最小二乘法计算，即：

$$b = \frac{n\sum x_i y_i - \sum y_i \sum x_i}{n\sum x_i^2 - \sum x_i \sum x_i} \qquad\qquad （4-6）$$

$$a = \frac{\sum y_i - b\sum x_i}{n} \qquad\qquad （4-7）$$

（三）物流成本预测方法的选择

如前所述，定性预测方法擅长识别趋势的转折点及其潜在影响，适用于数据不充分或无法量化的情境；定量预测方法则在趋势能够延续的前提下发挥作用，以其客观性和低成本适用于大规模数据分析和反复预测。大数据技术为两种方法的结合提供了更加丰富的数据支持和计算能力，综合运用定性预测方法和定量预测方法进行预测，能够显著提高预测精度并降低成本。

经济预测在大数据时代依然需要明确的步骤，包括设定预测目标、收集和处理海量历史数据、建立和优化数学模型、估计模型参数，并通过分析和评价得到预测结果。尽管大数据技术增强了预测的精准性，提高了处理速度，但经济现象本身的复杂性和数据的不确定性仍然存在，因此任何数学模型在实际应用中都是近似的，可能与现实情况存在一定差距。

在大数据环境中，选择适合的预测方法依然是物流成本预测的关键，应充分考虑预测对象的特征及预测方法的特征。通过大数据分析，企业能更好地选择和优化预测方法，提高物流成本预测的科学性和准确性，助力决策优化和管理提升。

1. 预测对象的特征

在进行经济预测时需要考虑的预测对象的特征主要有以下四个方面。

（1）预测的时间范围。不管进行什么层次的预测，都必须明确时间范围，这是选择适当预测方法的关键因素。预测者需根据预测的目标来判断应用哪种预测方法，因为不同的方法适用于不同的时间跨度。例如，指数平滑法更适用于短期预测，而定性预测方法更适用于中期或长期预测。通常情况下，随着预测时间的延长，定量预测的精度会下降，因此合理选择方法对于保持预测的准确性至关重要，明确时间范围有助于优化预测策略，确保方法与目标相匹配。

（2）预测对象的性质。根据预测对象可知信息的利用程度，预测系统可以分为白色预测系统、灰色预测系统和黑色预测系统，或划分为确定性和随机性两种类型。在选择预测方法时，应充分考虑这些信息特征。例如，当预测对象的大部分信息未知，仅有部分信息已知时，可以使用灰色预测系统；若因果分析中存在随机因素的影响，则适合使用回归分析；当随机因素可以忽略时，可以通过曲线拟合的方法建立相应的数学模型。这种分类和选择方法有助于企业根据不同信息状况和特征，采用最恰当的预测手段，提高预测的准确性和可靠性。

（3）经济过程的平稳性。经济过程的平稳程度对预测模型的选择起着关键作用，当某一经济现象呈现平稳运行时，只要采用适当的预测方法揭示其规律并进行定期检验即可满足决策需求。然而，如果经济过程表现出较大的波动性，就需要频繁收集和更新历史数据，特别关注最新数据对预测的影响。例如，近年来运输价格波动较大，针对运输价格相关问题的预测应不断更新数据，并相应调整预测方法，以确保预测结果的准确性和可靠性。

（4）决策的目标及其详细程度。决策的目标不同，所需的精细程度和使用的方法也会不同。根据决策的目标，可以分为控制性决策和计划性决策。控制性决策的核心在于对经济运行过程的有效掌控，因此要求预测非常详尽和准确。相比之下，计划性决策是基于假设经济运行按照当前趋势发展，侧重于预测未来可能的变化方向和趋势，这种情况下预测无须特别精细，更适合使用区间预测，以展示未来发展的潜在范围。根据具体的决策目的，合理选择相应的预测方法和精度是至关重要的。

2. 预测方法的特征

（1）预测方法本身所使用的时间范围。预测方法有其自身的时间适用性，这与预测者设定的时间范围不同。有些方法仅适合进行短期预测，如一些特定的时间序列方法；有些方法则更适合用于中长期预测；还有些方法专门应用于较长时间跨度的预测。预测方法的选择应考虑到这些局限性，以确保其在合适的时间范围内发挥最佳效果。

（2）综合采用多种预测方法可以得出更可靠的预测结果。通常，简单预测方法的精度较低，但方法的复杂性并不总是意味着更高的预测精度。在很多情况下，同一个问题可以使用不同的预测模型来进行分析。因此，为了提高预测准确性，建议对同一问题采用多种方法，并将定性预测与定量预测相结合。加权预测的思想也可以适当运用，即为不同方法赋予合理的权重，综合考虑各种方法的优劣，得出更可靠的预测结果。

3. 仔细分析、利用历史数据的特点

历史数据在物流活动中通常可分为趋势型、季节型、水平型和循环型，也可以是这些类型的组合。为了提高预测的准确性，应根据这些特定的数据特征选择适当的预测方法。在选择预测模型时，不仅要考虑数据类型，还需综合评估预测成本和模型的适用性，确保所选方法能有效地实现预测目标，同时保持资源使用的经济性和效率。

三、大数据时代物流成本决策概述

在大数据时代，物流成本决策更加依赖精准的数据分析。通过大数据技术，企业可以收集和分析多种来源的海量数据，如运输路线、库存水平、客户需求、市场趋势等。这些数据支持企业建立更精细的成本预测模型和决策算法，从而优化物流流程。同时，大数据使得实时监控和动态调整成为可能，使企业能够迅速应对市场变化和需求波动，优化库存管理、选择最佳运输路线和改进仓储布局。

（一）物流成本决策的含义

决策是指管理者为达到特定目标，在多个备选方案中选择一个最为满意的方案的过程。作为一个系统化的过程，决策由多个要素组成，包括决策者、设定的目标、用于选择的决策变量、反映不同情境的状态变量、评估决策效果的效果值、与不同结果相关联的概率等，这些要素共同作用，帮助决策者作出最佳选择。

物流成本决策是指在对物流成本进行深入调查和分析的基础上，明确行动目标，并提出多个可行方案，然后根据统一标准进行评估，最终选出最适合的物流方案的全过程。

决策是行动的基础，只有正确的决策才能指导有效的行动。在物流活动中，决策贯穿于整个管理过程。要确保决策的有效性，需要全面了解和分析内部条件与外部环境，确保对所有相关因素有清晰的认识。决策的制订过程必须遵循特定的程序和步骤，按照逻辑顺序进行操作。同时，采用合适的技术和方法是必要的，这样才能确保决策的准确性和科学性。通过系统化的方法，物流管理过程中的各项决策才能是合理的，才能为实现高效的物流运作和资源配置提供可靠依据。

（二）物流成本决策的步骤

1. 数据收集与整理

数据收集与整理指利用大数据技术从多种来源（如运输记录、库存水平、市场需求、客户行为等）获取大量的历史和实时数据。数据收集与整理可以确保数据的准确性和完整性，为后续分析奠定基础。[①]

---

① 魏春明.数字经济时代职业本科会计专业人才培养研究[J].知识文库,2024,40(9): 97-100.

2. 数据分析与模型建立

数据分析与模型建立指运用数据分析工具和算法，识别物流成本的关键驱动因素，如运输路线、仓储费用、库存管理等。在此过程中，可以应用机器学习算法、回归分析或其他大数据分析方法，建立适合的预测和优化模型。

3. 目标设定与方案设计

目标设定与方案设计指基于分析结果设定明确的成本管理目标（如降低运输费用、优化库存水平等），设计多个可行方案，考虑不同变量和情境，涵盖各种成本控制策略。

4. 模型仿真与方案评估

模型仿真与方案评估指利用大数据平台模拟不同方案在实际操作中的表现，分析其对成本的影响，对比各方案的优势和劣势，选择最优方案。

5. 决策实施与动态调整

决策实施与动态调整指实施选定方案，并通过大数据技术实时监控物流活动的数据变化，确保方案的执行效果。同时，根据实际情况的变化和反馈数据，进行必要的动态调整，确保持续优化物流成本。

6. 结果评估与反馈优化

结果评估与反馈优化指评估决策执行的效果，分析实际成本与预测目标的差异，找出不足。同时，利用大数据反馈进一步优化模型和方法，形成一个持续改进的闭环，提高未来的决策精度和效率。

通过这些步骤，物流成本决策能够在大数据的支持下更加科学、高效，实现更好的成本管理和资源优化。

（三）物流成本决策的分类

在大数据时代，依据决策学理论，物流成本决策可归纳为战略决策和战术决策、规范性决策和非规范性决策、单目标决策和多目标决策以及确定性决策、风险性决策和不确定性决策四种类型。大数据的应用为这些决策类型提供了更多的数据支持和更高的分析能力，使得物流成本决策过程更加精准和科学。

1. 战略决策和战术决策

战略决策是指对全局性、方向性和根本性问题作出的决策，这类决策的影响范围广泛且持续时间较长，通常对物流成本有着长期的影响。例如，规划运输和配送线路，确定仓库和配送中心的选址，以及决定仓库是租赁还是自建等，均属于战略决策的范畴。相对而言，战术决策旨在确保战略决策的执行，通常涉及局部性、短期性或操作层面的问题，如运输安排和库存管理等。

2. 规范性决策和非规范性决策

规范性决策是指针对管理工作中经常出现的重复性问题，依靠现有规章制度即可解决。例如，物流成本的预算和控制就属于规范性决策的范畴。相反，非规范性决策则涉及偶发或首次遇到的非例行事件，这类决策通常需要依赖决策者的个人经验和判断能力作出。

3. 单目标决策和多目标决策

当决策中只有一个目标需要实现时，称为单目标决策，而当决策涉及多个需要同时实现的目标时，则称为多目标决策。不同类型的决策需要根据目标的数量和优先级来选择适当的方法和策略，以确保最佳的决策效果。

4. 确定性决策、风险性决策和不确定性决策

确定性决策方法的特点在于只有一个明确的选择方向，决策过程没有风险，只需满足相应数学模型的前提条件，即可提供具体的结果。例如，量本利分析就是一种典型的确定性物流成本决策方法。与之不同，风险性决策涉及未来事件的不确定性，这些事件的发生具有不同的概率。风险性决策的方法包括期望值决策法和决策树法，通过计算各自然状态的概率和可能的结果，选出相对最优的方案。不确定性决策则是针对未来情况无法

确定的情境下的决策方法。在这种情况下，未来可能的自然状态未知，需要对各种潜在变化因素进行分析，评估可能发生的各种状态，并计算各状态下的损益值。同时，要根据这些分析结果，按照特定原则作出选择，以应对不确定性带来的挑战。这种方法适用于无法预知未来事件概率的复杂环境，通过对多种可能性的综合分析来制定决策策略。

四、大数据时代物流成本决策的方法

在大数据时代，物流成本决策方法更加依赖数据驱动和智能分析。常用的方法包括回归分析、时间序列分析、机器学习算法、线性规划等，这些方法可以通过处理大量的历史数据和实时数据，精准预测未来成本趋势。同时，结合定性方法，如专家判断和市场调研，可以补充和校正数据分析的不足。大数据技术使得这些方法的应用更加灵活和高效，企业可以通过实时监控、数据挖掘和模式识别，迅速识别潜在成本问题，优化资源配置和决策过程，最终实现物流成本的精细化管理和最小化。

（一）回归分析

回归分析是一种常用于物流成本预测的定量分析方法，通过建立数学模型来揭示物流成本与其影响因素之间的关系。该方法的核心在于确定自变量（如运输距离、货物重量、存储时间等）与因变量（物流成本）之间的依存关系，从而实现对未来成本的预测。

在物流成本预测中，回归分析首先需要收集大量历史数据，包括影响物流成本的各项因素。其次要利用这些数据建立回归模型，一般形式为简单线性回归模型和多元回归模型。在简单线性回归模型中，假设因变量与单个自变量之间呈线性关系，通过最小二乘法确定回归系数，使得模型中预测值与实际观测值之间的差异最小。多元回归模型则考虑多个自变量的共同影响，用于更复杂的物流场景。回归分析法的优势在于其直观性和易操作性，适用于分析数据相对齐全且自变量和因变量之间存在较为明确关系的情境。在大数据时代，回归分析法可以利用海量数据和更复杂的算法，如非线性回归模型或广义回归模型，来捕捉更复杂的成本结构和动态变化。

运用回归分析法进行物流成本预测时，需要对模型的假设进行合理性检验，如线性关系的假设、残差的正态性和独立性等。此外，应注意模型的参数估计，确保其统计显著性和解释力。一旦模型建立并通过验证，就可以用来进行未来物流成本的预测。回归分析结果有助于决策者识别物流成本的关键驱动因素，从而制定更加精准的物流成本控制策略。

（二）时间序列分析

时间序列分析是一种用于物流成本预测的定量方法，通过研究成本数据在时间序列中的变化规律来预测未来趋势。该方法基于假设，即历史数据中存在一定的模式或规律，未来的数据将遵循这些模式，因此可以利用历史数据来预测未来物流成本。

在物流成本预测中，时间序列分析常用的方法包括移动平均法、指数平滑法和季节性分解法等。移动平均法通过平滑数据中的随机波动来捕捉长期趋势。指数平滑法在加权计算中对较新数据赋予更高权重，以更灵敏地反映近期变化。季节性分解法将时间序列拆解为趋势、季节性和随机成分，分别分析和预测各成分对成本的影响。

时间序列分析具有简单性和有效性，特别是在历史数据较为丰富、趋势和季节性特征明显的情况下表现良好。它能够快速识别物流成本的长期趋势和周期性变化，为物流决策提供科学依据。例如，在运输、库存管理和仓储成本控制中，这种方法能够帮助企业识别季节性需求波动，从而优化物流规划和资源配置。然而，时间序列分析的准确性依赖数据的稳定性和历史趋势的延续性。在大数据时代，使用更先进的时间序列分析工具和算法，如自回归移动平均模型和深度学习模型，可以处理更复杂的数据模式，提高预测的准确性和决策效率。

（三）机器学习算法

在物流成本决策中，机器学习算法能够提供更精准和动态的成本预测和优化策略。常用的机器学习算法包括线性回归、决策树、随机森林、支持向量机、神经网络等。这些算法可以分析运输路径、库存水平、客户需求、订单量等多种因素对物流成本的影响，自动识别关键变量，建立高效的成本预测模型。例如，决策树和随机森林可以帮助企业找出成本结构中的非线性模式和变量之间的复杂关系，而神经网络则适用于处理高度非线性和噪声数据，发现深层次的隐藏模式。

机器学习算法的应用能够实时适应市场变化，这些算法能够从海量数据中提取有价值的信息和趋势，有效降低物流成本，增强供应链的敏捷性和韧性。然而，机器学习算法在应用中也面临挑战，如数据质量、模型复杂度和计算资源等问题。为了获得最佳效果，需要保证数据的完整性和准确性，选择合适的模型，并定期进行模型验证和优化。结合深度学习和强化学习等先进技术，机器学习为物流成本决策提供了新的视角和方法，推动物流管理向智能化和精细化方向发展。

（四）线性规划

线性规划是一种数学优化方法，广泛应用于物流成本管理中，它可以在一定约束条件下，使目标函数达到最大值或最小值。在线性规划中，决策问题被描述为一个目标函数，该函数通常是一个线性表达式。同时，决策过程受到若干约束条件的限制，这些约束通常是线性的，包括资源的数量、运输能力、仓储空间等因素。通过建立数学模型，线性规划能够找到满足所有约束条件的最优解，从而指导资源的最有效配置。

物流管理中的一个典型应用是运输问题，线性规划可以帮助企业确定如何以最低成本将货物从多个供应点运送到多个需求点，并通过构建一个包含运输成本、供应和需求限制的线性方程组，求解出最佳运输方案。这种方法特别适用于大规模、多变量的问题情境，在物流和供应链管理中发挥着重要作用。

线性规划的优势在于其计算效率高，能够快速处理大量数据，并提供明确的、易于解释的解决方案。然而，线性规划的模型假设通常是问题的线性关系，这意味着在应对现实中更复杂和非线性的情况时，可能需要对模型进行适当的扩展或使用其他优化方法，如整数规划或非线性规划。随着大数据和计算技术的发展，线性规划在决策支持系统中得到了越来越广泛的应用，为复杂的物流问题提供了科学的解决方案。

第三节　大数据时代仓储成本管理的创新与实践路径

仓储是物流过程的核心环节，在大数据时代，通过先进的数据分析技术得到了全面优化和升级，已从传统的货物存储转变为现代物流的关键节点。利用大数据对库存水平进行精细化管理后，有效地降低了仓储成本，提高了物流系统的效率和客户服务水平。大数据的应用使仓储物流能够更好地协调各环节的运作，推动了整体物流的智能化发展。

一、仓储成本管理概述

（一）仓储的含义

仓储是指在特定地点对物品进行储存、管理和使用的过程，是物品生产后的延续步骤，同时赋予物品新的价值。仓储的对象包括生产资料和生活资料，但必须为实物动产。当物品无法立即使用或消耗而需要存放时，就产生了静态仓储，而将物品存入仓库并进行管理则称为动态仓储。仓储和运输是物流中的两大关键功能，运输改变物品的空间位置，而仓储调整物品的时间状态，通过平衡不同工序间的时间差异来提升物品的利用效率。因此，它们共同构成了物流系统的基础。

仓库中储存的物资称为存货，是为将来按照特定目的使用而暂时处于闲置或非生产状态的物料。存货的种类包括消耗品、原材料、在制品及成品。库存则指在某一时间段内持有的存货，即那些可见、可称量和可计算的有形资产。储备是指一种有目的的存储行为，即将物资暂时停滞在生产或流通领域，以备在未来紧急情况下使用，是一种积极主动的储存形式，确保物资能够在需要时迅速调动和使用。

储存是物流领域中的一个广泛概念，涵盖了库存和储备等多种经济现象。储存可以发生在任何地点，不局限于仓库，也不一定具备储备的特征和要素。尽管储存的范围更广，但在实际应用中，储存和储备这两个概念通常不加以区分，常被视为同义，即都是为了保证物资在需要时可被使用和调动。储存的本质在于为未来的使用而临时保存物资，确保供应链的连续性和灵活性。

（二）仓储在物流成本管理中的作用

仓储在物流成本管理中的作用包括以下两个方面。

1. 仓储是物流成本实施管理的控制环节

仓储在物流成本管理中起着关键的控制作用，仓储成本的有效控制和降低直接影响到整体物流成本的减少。在物流的整个流程中，物品有相当长的时间处于仓储阶段，因此仓储成本成为物流成本最重要的组成部分之一。为了实现物流成本的优化，必须进行有效的仓储成本管理，即通过合理的仓储管理措施，降低不必要的费用，提高物流系统的整体效率，从而实现物流成本的全面控制和优化。

2. 仓储是物流增值服务功能的实现环节

在仓储过程中，许多物流增值服务功能得以实现，如将流通加工与仓储作业相结合，提供更加个性化的服务和就近储存，提高响应速度，确保客户获得更快、更及时的服务。这种整合不仅提高了客户满意度，还能带来更高的经济收益，为企业创造更多的商业价值和竞争优势。

（三）仓储成本

1.仓储成本的含义

仓储成本是指在仓储活动中，为了完成物资的存储、管理和流通所产生的各种费用。仓储成本包括仓库的租金或折旧费用、设施设备的购置和维护费用、物料搬运和人工成本、能源消耗费用，以及与信息管理和安全保障相关的费用等。

2.仓储成本的特点

仓储成本的特点为多样性、复杂性和波动性。首先，仓储成本的多样性是由于涉及的费用种类繁多，包括固定成本和变动成本。例如，仓库租金和设备折旧属于固定成本，而人工费用和能源消耗可能随仓储量的变化而变动。其次，仓储成本具有复杂性，因为它受多种因素影响，如仓库的选址、库存管理策略、物资周转速度和物流技术的应用等。最后，仓储成本的波动性反映在市场环境、需求变化，以及仓库运营效率的不同，这些因素会导致仓储成本的波动。

合理控制和优化仓储成本，对于提高整体物流效率和降低总成本具有重要意义。在大数据和信息技术的支持下，企业可以通过精准的库存管理、合理的仓库布局和智能化操作设备等措施，实现仓储成本的优化。

（四）仓储成本管理

1.仓储成本管理的含义

仓储成本管理是指在仓储过程中，通过一系列策略和措施来有效控制和优化仓储相关费用的活动。仓储成本管理的主要目标是确保在物资存储、管理和流通过程中，以最低的成本实现最高的服务效率。仓储成本管理包括对各项成本要素的识别、分析和监控，如仓库租金、设施设备折旧和维护费用、人工费用、能源消耗及信息系统费用等。

通过科学的成本管理，物流运营者能够识别并削减不必要的开支，优化仓储布局和库存管理，改进操作流程，从而提高整体运作效率。在大数据的背景下，仓储成本管理还涉及成本数据的实时监控和分析，可以利用大数据和现代信息技术优化库存周转速度和仓库使用率。有效的成本管理能够帮助企业在竞争激烈的市场环境中获得成本优势，同时确保服务质量的稳定，为客户提供更快速和更高效的物流服务。

2. 仓储成本管理的内容

仓储成本管理的内容涵盖多个方面，主要包括对仓储相关费用的识别、分析、控制和优化，以确保在物流过程中实现最低成本和最高效率的平衡。其内容可以细分为以下几个方面。

（1）仓库租金和设施成本管理。仓库租金和设施成本包括仓库租金、场地使用费，以及设施设备的购置、折旧和维护费用。管理的重点是选择合适的仓储位置和设施，优化仓库布局，提高仓储空间的利用率，减少不必要的空间浪费和设备成本。

（2）库存成本管理。库存成本是仓储成本的重要组成部分，包括持有库存的资金占用成本、存货损失成本、保险费用等。企业通过精准的需求预测、合理的库存水平设定、优化的存货周转策略[①]，来降低库存管理成本，并减少因库存积压或短缺造成的额外费用。

（3）人工成本管理。人工成本涉及仓库操作人员的工资、福利、加班费等。通过改进仓储流程、引入自动化设备和技术、优化人员配置等，企业可以提高劳动效率，从而降低人工成本。

（4）能源消耗成本管理。仓储活动需要消耗大量的能源，如照明、供暖、冷却，以及设备运行的电力供应等。企业可以通过采用节能技术、合理安排作业时间、提高设备使用效率等手段来有效减少能源消耗成本。

（5）信息系统成本管理。信息系统成本包括信息技术和系统的建设、维护和运行费用，涉及仓储管理系统（WMS）、资源计划（ERP）系统等。企业可以通过数据分析和信息化管理，提高库存管理和运营决策的准确性和效率。

---

① 刘苗. 数字化时代下的企业会计与成本管理创新 [J]. 今日财富，2024（22）：140-142.

（6）安全和保障成本管理。安全和保障成本包括防盗、防火、安全检查和监控系统的成本，主要是为了减少由于安全隐患造成的损失。

仓储成本管理的内容涵盖了从仓库租赁、设施维护、库存管理、人工分配、能源消耗到信息系统和安全保障的全面控制。其目的是通过科学的管理方法和技术手段，降低仓储运营成本[①]，提高物流系统的整体效益和服务质量。

3. 仓储成本管理的意义

仓储成本管理的意义体现在多个方面，是提高物流系统效率、降低运营费用、提高企业竞争力的重要途径。合理的仓储成本管理不仅直接影响企业的利润空间，还在更广泛的供应链中发挥着关键作用。

（1）仓储成本管理有助于降低整体运营成本。在仓储过程中，成本占据了物流费用的很大一部分，通过有效的成本控制措施，如优化库存水平、提高仓库利用率和引入先进的管理技术，企业可以减少不必要的费用支出，确保物资以更低的成本存储和流转。

（2）良好的成本管理能够提高物流服务的效率和质量。通过科学管理仓储成本，优化各环节的作业流程，企业可以缩短存储和配送时间，减少货物损耗和库存积压，确保货物的及时和准确交付，从而提升客户满意度和市场响应速度。

（3）仓储成本管理对于增强市场竞争力具有重要意义，在竞争激烈的市场环境中，物流成本是影响产品价格和利润率的关键因素之一。通过降低仓储成本，企业可以在定价策略上具有更大的灵活性，以更具竞争力的价格参与市场竞争，吸引更多的客户和订单。

（4）仓储成本管理促进了企业的可持续发展。通过精细化管理，减少资源浪费和能源消耗，企业不仅可以节省成本，还能够履行环境保护责任，提高社会形象和品牌价值。

---

① 谭函梅. 连云港港口物流有限公司物流成本控制研究 [D]. 南京：南京理工大学，2010.

二、大数据时代仓储成本管理的原则

在大数据时代，仓储成本管理在企业运营管理中发挥着重要的作用，企业必须遵循相应的原则，以适应数字化环境下的精细化和智能化管理需求。大数据时代仓储成本管理有以下四个原则。

（一）经济性原则

仓储管理工作与销售、生产、财务活动一样，需要注重经济效益。建立严格的仓储成本控制制度虽然需要投入一定的人力和物力，但这些投入应当保持在合理范围内，不应超过成本控制所带来的收益。经济原则强调，企业应利用大数据分析和智能化工具，有效降低仓储成本、纠正管理偏差，并确保控制措施的费用支出低于因缺乏控制而导致的潜在损失，从而实现资源的最优配置和效益最大化。

1. 每个单项费用最低

仓储管理中的每项费用应结合具体业务情况，通过数据分析实现局部优化，将成本降至最低。具体来说，企业可以利用大数据技术，精准识别并控制各项费用，确保它们都达到最小化，使整体费用得以有效降低，实现仓储系统的全面优化。

2. 单项费用之间的合理协调

在大数据时代下的仓储管理中，各种费用间存在科学的比例关系，这一关系可以通过数据分析实现总费用的最小化。大数据技术能够精确分析订货费和保管费的平衡点，这取决于订货批量与订货批次的相互影响。当订货批次增加时，订货费用上升；当订货批量增大时，保管费用增加。只有获取一个适当的比例，才能使订货费用与保管费用达到平衡，从而降低总费用。[①]

原则上，企业应重点控制仓储活动中的关键因素和重要环节，而非对

---

① 由天宇. 网络化制造环境下的物流信息管理系统研究[D]. 沈阳：东北大学，2009.

所有成本项目进行同等程度的精细控制。通过大数据分析，企业应能够识别和聚焦那些对整体成本和效益影响最大的领域，从而实现资源的有效分配和成本的最优管理。

（二）全面性原则

仓储成本控制需要全员参与、全过程监控和全方位覆盖。首先，成本控制的全面性体现在利用大数据技术建立仓储成本信息系统，实时、全方位跟踪和记录各类成本，如订货费、保管费、缺货费、补货费等，实现科学、快速、精准的物流成本核算。企业可以通过数据的全面记录和分析，有效支持成本控制的决策和效率提高。其次，成本控制的全面性要求将控制目标层层分解并落实到各环节、业务单位甚至个人，形成一个自上而下、全覆盖的成本控制体系，明确成本责任中心，以确保仓储成本控制在大数据的支持下真正落地并取得实效。

（三）利益协调性原则

降低仓储成本具有重要意义，在这一过程中，不能忽视物资储存中的保管要求和质量控制，更不能因追求成本降低而损害大众或消费者的利益。通过大数据分析，企业可以精准地识别和优化各项成本，确保保管质量和安全。在仓储成本控制中，企业应综合利用大数据技术，协调多方利益，达到成本效益与质量保障的平衡。

（四）例外管理原则

在大数据时代，例外管理原则体现了成本效益原则在仓储成本控制中的应用。仓储成本控制所带来的经济效益必须超过其实施所需的投入，如建立和维护成本控制系统的费用。根据成本效益原则，仓储成本控制应重点关注非正常、金额较大的异常事项，通过大数据技术精确定位和解决这些关键问题，确保实现仓储的目标成本和成本控制的目标。

三、大数据时代仓储成本管理的创新策略

在仓储成本管理中，大数据的应用带来了创新的管理方式和解决方案，可以帮助企业降低成本、提高效率、优化资源配置。

（一）对仓储进行精确需求预测与库存优化

大数据技术通过对海量数据的采集和分析，为企业提供了精确的需求预测能力。企业将大数据应用于仓储管理中，能够通过分析消费者行为、销售数据、市场趋势和季节性变化等多维度数据，更准确地预测未来的需求变化。

（二）建设智能化仓储管理系统

大数据技术的应用推动了智能化仓储管理系统的发展。智能化仓储管理系统通过物联网设备（如传感器、射频识别标签等）实时采集仓库内外的数据，如货物的位置、温度、湿度、出入库情况等，然后利用大数据平台进行数据的集中管理和分析。智能化仓储管理系统能实时跟踪货物的状态和位置，提高仓库操作的透明度和效率，减少错误和延误。通过数据分析，系统还可以自动生成最优的作业计划和路径，减少搬运和装卸成本，提高作业效率。

（三）进行动态库存管理与调整

大数据技术使动态库存管理成为可能，通过对实时数据的分析，仓库管理者可以随时调整库存策略，以应对市场需求的变化。例如，利用大数据分析，企业能够识别出哪些商品销售更快，哪些商品有滞销风险，从而及时调整采购和生产计划，避免库存过多或短缺的情况。此外，大数据可以帮助企业优化库存周转率，减少存货老化和过期风险，降低库存持有成本。

（四）仓储自动化设备的应用与数据驱动优化

大数据在仓储自动化设备管理中的应用显著提升了操作效率和成本控制。通过对自动化设备（如自动分拣系统、机器人、无人叉车等）运行数据进行采集和分析，企业可以实时监控设备的工作状态、使用频率和故障情况，优化设备的使用效率和维护策略。例如，利用大数据分析设备的历史运行数据，预测设备的保养和维修需求，降低设备故障率，避免生产中断，降低设备维护成本和停机时间。

（五）对仓储进行能效管理和成本控制

在仓储成本中，能源是一个重要的组成部分。大数据技术通过实时采集和分析仓库的能耗数据（如照明、电力、供暖、制冷等），帮助企业优化能源使用，降低能耗成本。例如，企业通过分析照明和温控系统的使用数据，可以自动调整照明强度和温度设置，最大限度地节约能源。同时，大数据可以预测高峰用电时段，提前制定能效管理策略，避免高峰用电带来的高额费用，实现能源管理的优化和成本的有效控制。

（六）对供应链协同优化

通过与供应链上游（供应商）和下游（客户）进行数据共享和协同，大数据平台可以实时获取原材料供应情况、产品生产进度、市场需求变化等信息，实现供应链各环节的无缝衔接。例如，供应链各方通过数据共享，可以更好地协调生产计划和库存管理，减少信息不对称导致的库存积压和资源浪费。

（七）对仓储的运输和配送优化

企业可以分析交通数据、天气情况、道路状况和历史运输记录，为运输和配送规划最佳路线，减少运输时间和油耗成本。例如，企业可以利用大数据技术优化车辆调度，提高载货率，减少空驶率和等待时间；或者对运输风险进行预测和预警，更好地应对突发事件，保障运输的安全性和及时性，从而降低与运输相关的仓储成本。

（八）进行客户行为分析与服务提高

大数据技术为仓储提供了客户行为分析能力，可以通过分析客户的订单数据、购买习惯和偏好，预测客户的需求变化，优化仓储管理策略。例如，企业可以通过分析客户的订单历史数据，实现精准备货，减少因备货不足或过量导致的成本增加。大数据技术能提高客户服务质量，如通过更快速的订单处理和精准的库存管理，为客户提供更好的体验，从而提高客户满意度和忠诚度，进一步增强市场竞争力。

四、大数据时代仓储成本管理的实践路径

（一）成立大数据分析团队，推动数据驱动决策

在大数据时代，数据已成为企业最重要的资产之一，能够为战略制定、运营优化和市场竞争提供强有力的支持。成立一个专门的大数据分析团队（以下简称团队），是推动数据驱动决策的关键步骤。团队的成立能够帮助企业更好地挖掘数据价值，提高决策的科学性和准确性，实现更高效的管理和运营。

1. 团队的角色与职能

团队的核心职责是收集、整理和分析来自各个业务领域的数据，提取有用的信息，为企业的决策提供数据支持。团队通常由数据科学家、数据工程师、业务分析师和数据可视化专家等组成。他们通过建立和维护大数据平台，开发数据模型和算法，进行数据清洗、整合和分析，并利用数据可视化工具将复杂的数据结果转化为直观的信息，从而支持管理层进行科学决策。

2. 推动数据驱动决策的具体方式

（1）团队利用大数据技术进行数据挖掘和建模。团队通过分析历史销售数据、市场趋势和消费者行为模式，帮助企业制定更有效的营销策略和库存管理计划，降低运营成本，提升客户满意度。

（2）进行实时数据监控和分析，优化企业的日常运营。在仓储物流中，团队可以实时监控库存水平、运输情况和能耗数据，提供优化建议，以提高物流效率和资源利用率。

（3）团队可以帮助企业识别潜在的风险和机遇。通过对数据的深度分析，团队可以发现运营中的异常模式或潜在问题，及时预警并提供应对方案，避免不必要的损失。同时，团队能识别出新的市场趋势或需求变化，帮助企业迅速调整策略，把握市场机会。

3.构建数据驱动文化

团队可以推动企业内部的数据驱动文化建立。团队可以通过定期分享数据洞察和成功案例，提高员工对数据价值的认识，培养各部门数据分析和利用能力，让数据成为企业各级决策过程中的重要依据。数据驱动文化的建立，不仅有助于优化现有的业务流程，还能提高整体决策的透明度和准确性。

（二）构建和整合大数据平台，统一数据来源

构建和整合大数据平台以实现统一的数据来源是数字化转型过程中至关重要的一步。随着企业运营数据的不断增长和数据种类的日益多样化，传统的数据管理方式已难以满足企业高效决策和业务优化的需求，而构建和整合大数据平台，可以集中管理和存储来自各个部门和业务系统的数据，实现数据的集中化和统一化。大数据平台的构建能够支持数据治理和数据安全策略的实施，从而提高数据管理的整体水平。通过这一平台，企业能够更快速地响应市场变化，提高决策的科学性和敏捷性。

（三）实施智能仓储系统，提高仓储自动化水平

实施智能仓储系统是提升仓储自动化水平的关键措施之一，旨在应对现代供应链和物流管理中复杂多变的挑战。智能仓储系统利用物联网、人工智能、大数据分析等前沿技术，实现仓储全过程的智能化、自动化和精细化管理。通过自动化设备如自动化存取系统、机器人分拣系统、智能传

送带等设备，智能仓储系统可以大幅减少人工操作，提高货物入库、存储、拣选和出库的效率，降低人力成本和人为操作失误的风险。

在未来的发展中，智能仓储系统将进一步扩展其应用场景，提供更加个性化、柔性化的仓储解决方案。例如，通过机器学习算法预测需求变化，实现库存的精准管理和调度；利用增强现实技术提高仓储人员的操作效率和准确性。实施智能仓储系统是推动仓储行业转型升级的必由之路，不仅提高了仓储的自动化水平，还为企业实现高效、敏捷和可持续发展提供了有力支持。

（四）进行实时数据分析，持续优化仓储流程

进行实时数据分析是持续优化仓储流程的核心手段，通过对仓储运营过程中产生的大量数据进行实时监控、收集和分析，为企业提供决策支持，提升仓储效率和服务质量。在现代仓储管理中，数据分析技术已经成为提升运营水平的关键因素。通过实时数据分析，企业可以对仓储各环节的关键指标进行动态监控，如库存周转率、订单处理时间、拣选效率、设备利用率等，从而发现潜在的瓶颈和优化空间。

实时数据分析能够帮助仓储管理者迅速识别和响应异常情况，如库存不足、设备故障、人员配置不合理等问题，进而采取及时有效的措施，避免因延误或误操作带来的损失。

实时数据分析可以推动仓储流程的持续优化。例如，通过对拣货路径、订单结构和仓储布局的数据分析，企业能够优化拣选路线和策略，提高拣选效率；通过对设备运行数据的监控和分析，企业可以制订设备预防性维护计划，减少设备故障和停机时间。在供应链的上游和下游之间，实时数据分析还能增强信息的透明度和可视性，促进各环节的协同和高效运作。

第四节　大数据时代配送成本管理的创新与实践路径

一、配送成本管理概述

（一）配送成本管理的概念

配送是现代物流的核心内容。通过配送，物流活动得以最终实现，但这需要承担相应的配送成本。配送成本包括备货、储存、分拣、配货、配装、送货服务及配送加工等环节中所产生的各项费用的总和，体现了配送过程中所消耗的各类活劳动和物化劳动的货币价值。

配送成本是用货币金额来评估配送作业实际情况的重要指标，取决于所评价的对象，即配送作业的范围和采用的评价方法等因素。由于评价范围和方法的不同，所计算出的配送物流成本可能会有显著差异。因此，必须准确地确定配送成本的范围。通常，配送物流成本由下面三个问题决定，这些问题影响着成本计算的准确性和有效性，进而影响管理决策的制定和实施。只有合理划分和明确这些因素，才能确保配送成本管理的精确性和有效性。①

1. 配送成本的计算范围如何确定的问题

配送过程涉及多样化的对象，包括不同的送货客户和各类配送商品，所覆盖的企业数量庞大，范围广泛，因此极易忽略某些环节或要素。在计算配送成本时，遗漏任何部分都可能导致成本评估出现显著差异，进而影响最终的成本精确度。这种复杂性要求企业在配送管理中格外谨慎，确保全面覆盖所有相关的成本因素，以避免造成不准确的成本数据。

---

① 黄若男，向兆礼. 浅论现代物流配送成本管理 [J]. 邢台学院学报，2008（2）：27-28.

2. 选择哪几种活动作为核算对象的问题

配送过程涉及运输、储存、装卸、配货、送货等多种活动，选择不同的活动作为计算依据，会导致配送成本的结果存在显著差异。例如，仅计算运输和储存费用，而忽略其他环节的费用，与将运输、储存、装卸、配货、送货等所有相关费用全部纳入计算，所得的成本结果会有很大的不同。因此，准确评估配送成本需要全面考虑各项活动，确保成本核算的完整性和准确性。

3. 选择哪几种费用列入配送成本的问题

配送成本包括外部与内部支付的费用。外部支付的费用有运输费、储存费和装卸费等，内部支付费用包括与配送相关的人工费、物流设施建设费、运送费、折旧费、维修费和电费等。是否纳入配送成本以及按何种比例纳入需要企业慎重考虑，这些因素对配送成本都有直接的影响，不同的前提条件将导致不同的计算结果。因此，企业应根据具体情况和管理需求，合理确定配送成本的计算范围和方式，以确保成本核算的科学性和准确性。

（二）配送成本的特征

1. 配送成本的隐蔽性

在配送成本的核算中，通常可以通过"销售费用"和"管理费用"科目反映部分配送费用的情况，但这些科目仅涵盖了配送成本的一部分，即对外支付的费用。这些费用通常与其他相关费用混杂在一起，而未单独设立"配送费用"科目进行独立核算。因此，现有的财务科目并不能全面反映全部的配送成本，容易导致成本核算得不完整和不准确。[1]

2. 配送成本削减具有乘数效应

假设销售额为1000元，配送成本为100元。如果能够将配送成本降

---

① 马健平，贾艳廷，郝渊晓，等. 物流配送管理学 [M]. 广州：中山大学出版社，2001：75.

低 10%，就可以直接获得 10 元的利润。若销售利润率为 2%，要产生同样的 10 元利润，则需要额外增加 500 元的销售额。因此，降低 10% 的配送成本，其效果相当于销售额增加了 50%。这体现了配送成本削减带来的"乘数效应"，即小幅度的成本降低可以带来相当于大幅度销售额增长的利润提升[1]，从而显著提高整体效益。

3. 配送成本的"效益背反"

"效益背反"指的是同一资源的两个方面存在相互矛盾的关系，即一个要素的优化会引起另一个要素的损失。在配送活动中，这种情况也普遍存在。例如，减少库存据点和库存量可以降低库存成本，但会导致库存补充频率增加，进而增加运输次数。同时，仓库数量的减少可能延长配送距离，使得运输费用上升。因此，当一个要素的成本降低时，另一个要素的成本可能会升高，从而导致成本"效益背反"的现象。

（三）配送成本的分类与构成

配送成本的分类与构成是配送管理中至关重要的内容，直接影响物流效率和企业的整体效益。配送成本通常可分为直接成本和间接成本两个主要类别。

1. 直接成本

直接成本是指与配送活动密切相关的、可以直接归因于具体配送环节的费用，包括运输费、储存费、装卸费、分拣费和包装费等。这些成本通常在配送过程中产生，能够清晰地与特定的配送操作或订单相关联。例如，运输费涉及将货物从仓库运送到客户指定地点的费用，储存费是货物在仓库或配送中心储存期间产生的费用，装卸费涉及货物在各个环节进行装载和卸载所需的费用。

---

① 黄若男，向兆礼. 浅论现代物流配送成本管理 [J]. 邢台学院学报，2008（2）：27-28.

2. 间接成本

间接成本是配送过程中不易直接归属于具体配送环节的费用，包括配送设施的折旧费、设备维护费、能源消耗费（如电费、燃料费）、管理人员薪酬及办公费用等。这些成本虽不直接与某个配送操作相关，但仍对配送过程产生重要影响。在实际操作中，合理划分和控制配送成本是关键。优化配送路径、提高仓储管理效率和利用智能化工具等，可以帮助企业有效降低直接和间接成本，从而节约配送作业的整体成本。

（四）配送成本影响因素

1. 时间

时间是影响配送成本的重要因素之一，在整个物流和配送链条中起着关键作用。配送时间直接影响到运输成本、储存成本和劳动力成本等各个方面。例如，较长的配送时间可能导致储存成本增加，因为货物需要在仓库中停留更长时间。此外，长时间的配送也可能引发运输费用的上升，如司机的加班费、燃料费和车辆折旧费用的增加。

缩短配送时间可以提高客户满意度和市场竞争力，但往往需要加快运输速度或选择更快捷的运输方式，如空运或特快运输，但导致运输费用上升。因此，时间管理的效率直接关系到配送成本的优化，通过合理规划配送路线、提高运输工具利用率，以及利用大数据和智能系统进行动态调度，可以有效控制时间因素对配送成本的影响，实现成本与服务水平的平衡。

2. 距离

距离直接关系到物流运输的费用和资源消耗，配送距离会影响多种成本，如燃料费用、车辆维护费用、司机工资，以及运输工具的折旧费用等。较长的配送距离通常意味着更高的燃料消耗和车辆磨损，且长途运输可能涉及更多的过路费、停车费和保险费用，会导致配送成本的增加。

合理规划和优化配送距离对于控制成本至关重要，通过优化配送路径、整合配送批次、选择合适的运输方式，以及利用地理信息系统（GIS）等智能技术，企业可以有效节约时间和缩短配送距离、减少不必要的成本，提高配送的整体效率和经济性。

3. 运输方式

不同的运输方式，如陆运、空运、海运或铁路运输的成本结构和影响因素各不相同。例如，空运速度快但成本高，适合高价值或紧急货物；海运成本低但速度慢，适合大批量和非紧急货物。选择合适的运输方式能够显著影响配送成本。

4. 货物特性

货物的类型、质量、体积，以及特殊要求也会影响配送成本。质量较大或体积较大的货物往往需要更大空间或更高运载能力的运输工具，会直接增加运输费用。这类货物在装卸、搬运过程中可能需要额外的机械设备或人工支持，也会导致处理成本上升。另外，需要特殊处理的货物，如易碎品、易腐食品或危险品，也会增加配送成本。例如，易碎品通常需要额外的防护包装材料和更谨慎的运输方式，以防止损坏；需要恒温运输的货物，如冷藏食品等，则要求特殊的冷链设施和温度监控设备，进一步提高了运输和管理成本。

5. 订单数量和批量

较大的批量通常能够降低每件商品的运输和处理费用，因为集中配送减少了企业运输的成本，但这也需要更多的储存空间和库存管理投入。相反，小批量订单可能导致运输频率增加，从而提升总体配送成本。因此，优化订单批量是控制配送成本的关键。

二、大数据时代配送成本核算的创新

在大数据时代，配送成本管理的核算需要进行多环节、多活动的集成计算，覆盖整个配送过程的各个具体环节。每个环节，如集货、分拣、配货、配装、运输和送达服务等，都有其独特的成本特征，需要采用相应的核算方法进行准确计算。利用大数据技术，企业可以对这些环节进行精细化管理，避免重复计算或夸大、减少费用支出，从而提高成本核算的准确性和真实性。此外，大数据可以帮助企业识别和分析各环节的成本构成，优化核算方法，提高整体成本管理的效率和决策支持。重点核算环节包括配送运输成本、分拣成本和流通加工成本。

（一）配送运输成本核算的创新

1. 配送运输成本的项目及内容

配送运输成本是指在配送货物过程中产生的各种费用，包括配送车辆的直接费用和相关的间接费用。[①] 车辆费用具体指配送车辆在运输作业中发生的各类费用，如燃料费、维修费、折旧费等。配送运输成本项目及内容包括以下几个方面。

（1）工资费用。运输成本中的工资费用包括司机和装卸工人的薪酬、加班费等，是影响总成本的重要因素。

（2）职工福利费。职工福利费是根据规定的工资总额和特定比例计算提取的，用于员工福利的费用。

（3）燃料费用。燃料费用指在运输过程中所消耗的燃料成本，包括汽油、柴油等的支出费用。

（4）轮胎费用。轮胎费用包括外胎、内胎及垫带的耗用成本，还涉及轮胎的翻新费用和修补费用。这些支出是维持车辆正常运行的必要维护费用，直接影响到配送运输的整体成本。

（5）修理费用。修理费用指车辆进行各级保养和修理所发生的工料费用、修复旧件费用和行车耗用的机油费用。

（6）大修费用。大修费用指配送车辆的大修基金，以及车辆大修竣工后调整的费用差异和车辆超、亏大修里程定额差异应调整增减的费用。

---

① 蒋玉宇. 汽车零部件配送中心物流配送绩效评价研究 [D]. 北京：对外经济贸易大学，2020.

（7）折旧费用。配送车辆的折旧费用是指根据使用年限、成本和残值等因素，按照规定的方法对车辆购置成本进行分摊的费用，这项费用反映了车辆在配送过程中因磨损、老化等原因导致的价值减损。

（8）营运车辆管理费用。营运车辆管理费用是指运输企业按照相关规定，向公路管理部门缴纳的费用，用于公路的维护、管理和基础设施建设。这些费用通常包括年检费、路桥费、过路费等，是保证车辆合法营运的必要支出。

（9）营运车辆使用税。营运车辆使用税是指企业根据税务法规，向税务部门缴纳的费用。这项税收是针对营运车辆的使用而征收的，旨在为公共基础设施的维护和道路建设提供资金支持，确保车辆运营的合规性。

（10）配送车辆事故损失。配送车辆事故损失是指车辆在配送过程中发生交通事故所造成的各种损失，包括车辆维修费用、货物损坏赔偿和相关责任费用等。

（11）其他车辆费用。其他车辆费用指不包含在主要费用项目中的各类支出，如行车杂支、随车工具费用、防滑链条费用、中途故障救济费用、司机和助手的劳动保护用品费用、车辆清洗费用、冬季预热费用，以及由配送方承担的过桥费用等。

配送间接费用是指为管理和组织配送运输而发生的各类管理和业务费用。这些费用包括配送运输管理部门管理人员的工资和福利，以及在组织运输生产活动中产生的费用，如取暖费、水电费、办公费、差旅费和保险费等。此外，配送间接费用还包括配送运输部门使用固定资产的折旧费和修理费，以及其他直接用于运输生产活动但不能直接归入特定成本项目的费用。这些间接费用构成了配送过程中运营成本的一部分，反映了组织和管理配送活动所需的各种支出。

上述车辆费用和配送管理费用构成了配送运输成本项目。配送运输成本在配送总成本中所占比例较大，应进行重点管理。

2. 大数据时代下配送运输成本计算方法的创新

配送运输成本计算方法，是指按照规定的成本计算对象和成本项目，将配送运输车辆在生产过程中所发生的费用计入配送运输成本的方法。大数据时代为配送运输成本计算方法带来了创新，能帮助企业通过实时数据收集、智能算法和数据分析工具，实现更精准的成本核算。例如，通过物联网技术监控车辆位置、燃料消耗等动态数据，优化运输路径和调度；通过人工智能和机器学习进一步分析历史数据，预测未来需求和风险，制订更高效的运输计划。

（1）工资及职工福利费。企业可以结合大数据技术，通过"工资分配汇总表"和"职工福利费计算表"中的数据①，精准分配各车型的成本。大数据实时整合和分析这些费用，自动分配至不同车型和任务中，提高了成本核算的精确性和效率。同时，数据驱动的智能分析工具增强了成本管理的透明度和决策的科学性。

（2）燃料。企业可以利用大数据技术，通过"燃料发出凭证汇总表"中各车型的燃料耗用数据，精确计算车辆成本。对于配送车辆在外部油库加油的情况，可以根据实时监控和记录的领用数量和金额直接计入相应成本，而无须将其视为企业的购入和发出处理，从而确保成本核算的准确性和及时性。

（3）轮胎。对于外胎成本，采用依次摊销法时，利用"轮胎发出凭证汇总表"中各车型的领用数据，直接将金额计入成本；采用按行驶里程提取法时，基于"轮胎摊取费计算表"中各车型的摊提额进行分配。轮胎翻新费用通过大数据分析，根据付款凭证直接计入各车型成本或通过待摊费用进行分期摊销。内胎和垫带费用则依据"辅助营运费用分配表"的数据按车型分配，确保精准核算和动态调整。

（4）修理费。在大数据时代，辅助生产部门对配送车辆的保养和修理

---

① 张洪革. 物流配送成本计算简析 [J]. 辽宁省交通高等专科学校学报，2003（2）：61-62，70.

费用通过"辅助营运费用分配表"中各车型的具体金额进行精确分配。大数据技术实时整合维护和修理的费用数据，确保将这些成本准确计入不同车型的成本核算中，反映各车型在保养和维修上的真实支出，提高成本管理的透明度和精准度。

（5）折旧。通过"固定资产折旧计算表"获取的车辆种类折旧数据，企业可以更智能地进行成本分析。大数据技术能够实时汇总和处理这些折旧信息，确保每种车辆的折旧费用精准计入相关分类成本中，反映各类车辆的实际折旧支出，提升成本核算的精确度和管理效率。

（6）养路费及运输管理费。在大数据时代，每月月末进行成本核算时，利用"配送营运车辆应交纳养路费及管理费计算表"，可以实时记录和分析配送车辆的养路费和运输管理费。大数据技术使费用数据自动汇总，确保各类费用的具体金额精确计入配送成本中。这种智能化方法能够避免费用核算中的遗漏或重复计费，提升成本管理的透明度和准确性，为财务分析和决策提供了可靠的数据支持。

（7）车船使用税、行车事故损失及其他费用。在大数据时代，车船使用税、行车事故损失及其他费用的计入可通过智能化方式优化管理。利用大数据技术，企业可以自动分析和分类不同的支付形式和来源，如银行转账、应付票据或现金支付的费用，直接根据付款凭证计入相关车辆成本。①同时，对于从仓库领用的材料和物资，通过"材料发出凭证汇总表"或"低值易耗品发出凭证汇总表"中的数据，就可以准确核算各车型的实际成本归属。

（8）营运间接费用。企业结合大数据技术，通过"营运间接费用分配表"中的数据，智能化分摊各项费用至各配送车辆成本中，确保费用分配的精准性和核算的合理性。

---

① 张洪革. 物流配送成本计算简析[J]. 辽宁省交通高等专科学校学报，2003（2）：61-62，70.

（二）分拣成本核算的创新

分拣成本是指分拣机械及人工在完成货物分拣过程中所发生的各种费用。在大数据和智能技术的推动下，分拣成本核算创新聚焦于精准和高效管理。人工智能、机器学习在分拣成本核算中的创新应用共同提升了分拣成本核算的效率和精度，可以帮助企业实现更佳的成本控制和资源优化。

1．分拣成本项目和内容

（1）分拣直接费用。分拣直接费用包括以下种类。

①人工费用。人工费用指从事分拣作业的员工工资、加班费和其他相关的薪酬福利，包括分拣员、操作员等的劳动成本。

②设备使用费用。设备使用费用指分拣过程中使用的各种设备的折旧费、维修费和日常维护费用，如自动分拣机、传送带、扫描设备等的费用。

③能源消耗费用。能源消耗费用指在分拣操作过程中所消耗的电力、水等能源费用，用于支持设备运行和照明等。

④包装材料费用。包装材料费用指用于分拣和包装的各种材料成本，如标签、纸箱、封箱胶带和防护材料等。

⑤租赁费用。租赁费用指用于分拣作业的场地租赁成本，以及仓库和分拣中心的空间费用。

⑥耗材费用。耗材费用指分拣过程中使用的各种低值易耗品的成本，如手套、标记笔和清洁用品等。

⑦信息技术费用。信息技术费用指用于分拣系统的管理软件、数据收集设备和网络通信等信息化支持的成本。

以上项目构成了分拣作业中的直接费用，须精确核算以优化运营成本。

（2）分拣间接费用。分拣间接费用是指配送分拣管理部门为管理和组织分拣生产，需要由分拣成本负担的各项管理费用和业务费用。

2. 大数据时代下分拣成本计算方法的创新

结合大数据，配送环节分拣成本的计算方法的创新是指利用数据分析，将分拣过程中产生的费用，按照成本计算对象和项目的具体规定，精确归入分拣成本中，提高核算的准确性和效率。

（1）工资及职工福利。通过"工资分配汇总表"和"职工福利费计算表"中的数据，智能化地将分配的金额精确计入分拣成本。

（2）修理费。对分拣机械的保养和修理费用进行智能化分析，将"辅助生产费用分配表"中分配的具体金额精确计入分拣成本。

（3）折旧。通过"固定资产折旧计算表"中分拣机械的折旧数据，智能化分析并将提取的折旧金额精准计入分拣成本。

（4）其他。通过"低值易耗品发出凭证汇总表"中的数据，精准分析和记录分拣过程中领用的金额，准确地计入分拣成本。

（5）分拣间接费用。根据"配送管理费用分配表"的数据，智能化分析并将相关费用精准计入分拣成本。

（三）流通加工成本核算的创新

1. 流通加工项目的内容

（1）直接材料费用。流通加工的直接材料费用，是指流通加工产品加工过程中直接消耗的材料、辅助材料、包装材料，以及燃料和动力等。与工业企业相比，在流通加工过程中的直接材料费用，占流通加工成本的比例不大。

（2）直接人工费用。直接人工费用指直接进行加工生产的生产工人的工资总额和按工资水平总额提取的职工福利费。生产工人工资总额包括计时工资、计件工资、奖金、津贴和补贴、加班工资、非工作时间的工资等。

（3）制造费用。制造费用是指企业为生产产品和提供劳务而发生的各项间接费用，包括企业生产部门（如生产车间）发生的水电费、固定资产折旧、无形资产摊销、管理人员的职工薪酬、劳动保护费、国家规定的有关环保费用、季节性和修理期间的停工损失等。在物流中心，流通加工制造费用是物流中心设置的生产加工部门为组织和管理生产加工所发生的各项间接费用。这些费用包括以下几类：①生产加工部门管理人员的工资及提取的福利费；②生产加工部门所属房屋、建筑物、机器设备的折旧和修理费；③生产加工部门的固定资产租赁费、机物料消耗、低值易耗品摊销、取暖费、水电费、办公费、差旅费、保险费、试验检验费；④生产加工部门季节性停工和机器设备修理期间的停工损失，以及其他制造费用。这些费用在物流中心的运营中起着重要作用，可确保生产加工活动的顺利进行。

2. 大数据时代下流通加工成本项目归集的创新

在大数据和智能化技术的推动下，流通加工成本项目的归集实现了创新，企业可以通过实时数据采集与分析，精准识别和分类各项成本。例如，利用物联网技术实时监控加工环节的资源使用情况，确保数据的准确性和全面性；利用人工智能优化成本分配算法，自动归集各类成本项目，减少人工操作和错误；利用区块链技术保证成本数据的透明性和不可篡改性，提高成本管理的可靠性和效率，最终实现更精细化的成本控制和优化。

（1）直接材料费用的归集。在应用大数据的情况下，直接材料费用的归集变得更加精确和高效。材料和燃料费用通过汇总全部领料凭证并生成"耗用材料汇总表"来确定，外购动力费用则根据相关凭证确认。在归集过程中利用大数据分析，能够明确区分特定加工对象的直接材料费用，直接计入其成本；对于多个加工对象共享的材料费用，大数据算法可以选择最适合的分配方法，将其合理地计入各加工对象的成本计算单中。

（2）直接人工费用的归集。计入产品成本的直接人工费用是依据当期的"工资结算汇总表"和"职工福利费计算表"来确定的。"工资结算汇总表"由"工资结算单"汇总编制，后者基于职工工资卡片、考勤记录、工作量记录等原始数据生成。利用大数据技术，可将这些原始记录自动收集和整合，提高数据的实时性和准确性。同时，"职工福利费计算表"根据"工资结算汇总表"中的各类人员工资总额，按照规定的提取比例，通过大数据计算后编制，确保福利费计算的精准与效率。

（3）制造费用的归集。在大数据时代，制造费用可以设置制造费用明细账，并按费用发生地点进行归集。明细账按加工生产企业建立，并设专栏记录各项费用明细，对于流通加工中的折旧费、固定资产修理费等大额成本项目，大数据技术能够进行实时监控和分析，优化费用归集的精准性和及时性。借助大数据分析，企业可以提高成本管理的效率和透明度，确保制造费用合理分配。

三、大数据技术在配送成本管理中的应用

（一）进行数据采集与整合

1. 物流数据的来源与类型

在物流行业中，数据是驱动决策、优化运营和提升效率的关键要素。物流数据的来源广泛且多样，涵盖了从货物起运到最终交付的每一个环节。这些数据不仅帮助物流企业实现精细化管理，还为其在竞争激烈的市场中保持领先地位提供了有力支持。

（1）物流数据的来源。

①企业内部系统。物流企业自身的信息系统是物流数据的主要来源之一。这些系统包括但不限于订单管理系统、仓库管理系统、运输管理系统及客户关系管理系统等。这些系统记录了货物的订单信息、库存状态、运输轨迹、客户反馈等关键数据。

②物联网设备。随着物联网技术的快速发展，越来越多的物流设备被连接到互联网上，如射频识别标签、全球定位系统、智能传感器等。这些设备能够实时采集和传输货物的位置、状态、温度、湿度等信息，为物流企业提供了丰富的实时数据。

③第三方平台与合作伙伴。物流企业通常与电商平台、支付平台、海关等第三方机构，以及承运商、仓储服务商等合作伙伴有着紧密的合作关系，这些合作伙伴会提供订单信息、支付数据、进出口报关数据、运输跟踪数据等，进一步丰富了物流企业的数据来源。

④社交媒体平台与用户反馈。社交媒体平台上的用户评论、投诉和建议是物流数据的重要来源。通过分析这些数据，物流企业可以了解客户的真实需求和期望，从而不断优化服务质量和提高客户满意度。

（2）物流数据的类型。

①结构化数据。结构化数据通常存储在关系型数据库中，具有固定的格式和类型，如订单号、客户姓名、货物重量、运输费用等。这类数据易于查询和分析，是物流企业日常运营中最为依赖的数据类型。

②非结构化数据。非结构化数据包括文本、图像、音频、视频等难以用传统关系型数据库进行存储和处理的数据。例如，客户在社交媒体上的评论、运输过程中的监控视频等都属于非结构化数据，这类数据虽然处理起来较为复杂，但往往蕴含着丰富的信息和价值。

③半结构化数据。半结构化数据介于结构化数据和非结构化数据之间，如 XML、JSON 等格式的数据。这类数据具有一定的结构但不如结构化数据那样严格，因此，在处理上具有一定的灵活性。

物流数据的来源广泛且多样，类型丰富且复杂。物流企业需要充分利用这些数据资源，通过数据挖掘、分析和应用等手段，不断优化运营流程、提高服务质量、降低运营成本，从而在激烈的市场竞争中保持领先地位。

2. 数据清洗与预处理

在物流行业中，利用大数据技术进行数据清洗与预处理是确保数据质量、提高数据分析和决策有效性的重要环节。随着物流业务的不断扩大和复杂化，数据量的激增使数据清洗与预处理工作变得尤为重要。这一过程不仅关乎数据的准确性、完整性和一致性，还直接影响后续数据分析结果的可靠性和实用性。

（1）数据清洗的必要性。物流数据在采集和传输过程中，由于多种原因（如设备故障、人为错误、系统漏洞等）可能会产生噪声、缺失、重复、异常等问题。这些问题数据如果不经过清洗，将直接干扰数据分析的结果，甚至导致错误的决策。因此，数据清洗是确保数据质量、提升数据价值的第一步。

（2）数据清洗的主要步骤。数据清洗的方法有很多，应明确不同的数据类型，选择合适的方法。

①数据识别与选择。明确需要清洗的数据范围和目标，识别出哪些数据是有效的、哪些是需要清洗的。

②处理缺失值。对于缺失的数据，可以采用填充（如均值填充、众数填充、插值法等）、删除或忽略等方法进行处理。

③处理异常值。异常值可能是由于数据录入错误、设备故障等原因产生的。对于异常值，需要进行识别和剔除，或者采用特定的方法进行调整。

④去重处理。在物流数据中，由于各种原因可能会出现重复记录。去重处理是确保数据唯一性的重要步骤。

⑤格式标准化。对于不同的数据源和格式，需要进行格式标准化处理，以便后续进行数据分析和处理。

（3）数据预处理的重要性。数据预处理作为数据清洗的深化环节，扮演着桥梁的角色，将数据从原始状态转变为适合数据分析的格式。不仅涵盖了数据集成的步骤，即将来自不同源头的数据统一整合，消除冗余与不一致，还涉及数据转换，包括数据类型转换、数据编码标准化，以及数据归一化或标准化处理，以消除量纲差异，提高数据可比性。这一系列精细化的预处理操作，确保了数据质量，使数据更加契合分析模型的需求，显著提高了数据分析的效率和准确性，为深入挖掘数据价值奠定了坚实基础。

3. 进行数据整合与共享

数据整合与共享是推动物流行业智能化、高效化发展的关键。数据整合意味着将来自不同系统、不同来源的物流数据进行集中处理，消除"数据孤岛"，形成统一、全面的数据视图。这一过程不仅有助于提升数据的一致性和准确性，还能为物流企业提供更全面的业务洞察。

数据共享则进一步打破了企业间的信息壁垒，促进了物流生态链上下游之间的信息互通。通过共享订单、库存、运输等关键数据，企业可以更加精准地预测需求、优化资源配置，实现供应链的协同优化。同时，数据共享促进了物流行业的创新与发展，为新兴技术的应用提供了广阔的空间。数据整合与共享是物流行业实现数字化转型、提高竞争力的重要手段。未来，随着技术的不断进步和应用场景的不断拓展，数据整合与共享将在物流行业发挥更加重要的作用。

（二）数据分析与预测

1. 配送需求预测

配送需求预测是指利用历史数据、市场趋势及外部因素等多维度信息，对未来的配送需求进行科学合理的预判，是物流管理中至关重要的一环。配送需求预测不仅关乎物流资源的合理配置，还直接影响物流服务的响应速度和客户满意度。

通过配送需求预测，物流企业可以预见性地调整仓储布局、优化运输路线、调配配送车辆和人员，从而避免资源过剩或短缺，降低运营成本，提高运营效率。精准的需求预测还能帮助物流企业更好地应对市场波动，如节假日销售高峰、突发事件等，确保物流服务的稳定性和可靠性。为了实现准确的配送需求预测，物流企业需要借助先进的数据分析工具和算法，深入挖掘数据背后的规律和趋势，并结合业务实际情况进行灵活调整。

2. 运输成本分析

运输成本分析是指通过对运输过程中各项费用的深入剖析，揭示成本构成，识别成本节约潜力。在运输成本分析中，需要明确运输成本的构成，一般分为直接成本和间接成本。直接成本包括燃油费、车辆折旧费、驾驶员薪酬、维修保养费、过路过桥费、保险费等，间接成本包括管理费、税费等。通过对这些成本项目的详细梳理，物流企业可以清晰地了解运输成本的分布情况和主要影响因素。运输成本分析需要关注成本的变化趋势和影响因素。例如，燃油价格波动、交通拥堵状况、车辆利用效率、驾驶员管理等因素都会对运输成本产生显著影响，通过对这些因素的深入分析，物流企业可以找出成本控制的关键点和优化方向。

运输成本分析需要结合物流企业自身的业务特点和市场需求，制定针对性的成本控制策略。例如，通过优化运输路线、提高车辆装载率、采用节能降耗技术等手段，降低运输成本；通过加强与承运商、客户等合作伙伴的沟通与协作，实现供应链的协同优化，进一步提高运输效率和成本控制能力。

3. 库存成本优化

库存成本优化是指通过精细化的库存管理和策略调整，实现库存成本的最小化与库存效益的最大化。库存成本不仅包括仓储费用、资金占用成本等显性成本，还隐含着库存积压导致的过期损失、缺货成本等隐性成本。

为了优化库存成本，物流企业需要建立精准的需求预测机制，以市场需求为导向，科学设定库存水平，避免过度库存或库存不足的情况发生。同时，通过实施先进的库存管理系统，如准时制生产、供应商管理库存等，实现库存的实时监控和动态调整，提高库存周转率和资金使用效率。物流企业还应加强与供应链上下游的协同合作，通过信息共享和资源整合，优化库存布局和配送网络，降低库存运输和存储成本。同时，要引入智能化技术，如物联网、大数据等，提高库存管理的智能化水平，进一步降低库存成本并提高管理效率。

（三）智能决策支持系统

1. 智能决策支持系统的定义

智能决策支持系统是基于人工智能技术和传统决策支持系统发展而来的一个更高级别的决策工具。该系统拥有集成数据分析、机器学习、自然语言处理和专家系统等多种智能技术，可以为企业和决策者提供更科学、更精准的决策支持。与传统的决策支持系统相比，智能决策支持系统具备自学习、自适应和自优化的能力，能够在复杂和动态的环境中作出快速而准确的决策。

2. 智能决策支持系统的组成

智能决策支持系统通常由以下几个主要部分组成。

（1）数据管理模块。数据管理模块是系统的基础，负责收集、存储和管理多个来源的数据，包括内部数据（如财务数据、生产数据、销售数据等）和外部数据（如市场数据、宏观经济数据、社交媒体数据等）。数据管理模块可以确保数据的高质量和高可靠性，并提供数据清洗、转换和整合功能。

（2）模型管理模块。模型管理模块包括各种用于分析和预测的数学模型和算法，如统计模型、机器学习模型、优化模型等。模型管理模块能够根据决策问题的不同，选择或构建最合适的模型，并进行模型的训练和优化。

（3）知识管理模块。知识管理模块存储和管理与决策相关的专业知识和规则，包括行业知识、生产策略、法律法规等。通过知识管理模块，IDSS 能够快速检索相关知识和规则，以支持复杂决策问题的解决。

（4）用户界面模块。用户界面模块为决策者提供友好的交互界面，使用户能够方便地输入决策需求、查看分析结果、调整模型参数等。它通常采用可视化技术，将复杂的数据和分析结果以图表或图形的形式展示出来，帮助用户更直观地理解信息。

（5）推理和分析模块。推理和分析模块是智能决策支持系统的核心功能模块，即利用人工智能技术对数据进行深入分析和推理，包括模式识别、异常检测、因果分析等。这一模块的目的是为用户提供最优或最具解释性的决策建议，并对各种可能的决策方案进行评估。

3.决策支持系统在配送成本管理中的应用

在现代物流管理中，智能决策支持系统可以深入挖掘配送过程中的各项成本数据，如运输费用、人力成本、燃油消耗、车辆维护和折旧等，为企业提供强有力的成本控制和优化工具。在对这些数据进行收集和分析后，智能决策支持系统能够识别出成本节约的潜在机会，如发现配送路线上的重复环节、优化车辆利用率、降低过度消耗的燃料使用等。

智能决策支持系统还能够利用模拟预测技术，基于历史数据和多种假设场景，对不同的配送策略进行评估。例如，通过模拟不同路线选择、配送时间窗口、装载量和车队配置等变量的变化，智能决策支持系统可以预测这些策略对总体成本的影响。这样一来，管理者可以预先了解各种决策方案的效果，从而选择最具成本效益的配送策略。这种基于数据驱动的预测和模拟功能，不仅提高了决策的科学性和准确性，还减少了决策失误带来的经济损失。另外，智能决策支持系统通常配备直观的可视化界面，可以将复杂的成本分析结果转化为易于理解的图表、地图和指标，这使得管理者能够快速把握数据背后的信息。例如，智能决策支持系统可以通过热力图展示特定区域的配送成本分布，或通过时间序列图显示燃油消耗的变化趋势。这样的可视化工具能够帮助管理者迅速识别高成本区域或瓶颈，便于及时采取应对措施。

四、大数据时代配送成本管理的创新策略

（一）运用大数据优化配送路线

1.运用大数据对实时路况与交通进行数据分析

实时路况与交通数据分析在现代物流和配送管理中扮演着至关重要的

角色。随着城市化进程的加快和交通流量的不断增加，配送路径的优化和时间管理变得愈发复杂和关键。通过利用实时路况和交通数据，物流企业可以动态调整配送路线，最大限度地提高运输效率，降低运营成本，同时提升客户满意度。

实时路况和交通数据的分析依赖于大数据技术、物联网设备和先进的算法。城市中大量的交通摄像头、智能交通信号灯、车辆 GPS 和其他传感器实时采集和传输数据，这些数据包括道路拥堵情况、事故发生位置、车速、车辆流量等信息。通过大数据平台的汇总和分析，这些信息能够被迅速转化为决策支持工具，为配送路线规划提供可靠的参考。

例如，通过对历史和实时数据结合分析，AI 算法可以预测未来某一时间段内的交通状况，并推荐最佳路线。在高峰时段或突发事件（如事故、道路施工）发生时，系统能够自动调整配送路线，避开拥堵区域，确保货物按时送达。这种实时响应能力极大地提高了配送的灵活性和可靠性。同时，实时交通数据还可以帮助企业优化资源配置和调度决策，如通过分析不同区域的交通流量模式，物流管理系统可以更合理地分配车辆和司机资源，避免因交通延误导致的资源浪费和额外成本。

未来，随着互联网的普及和智能交通系统的不断完善，实时路况与交通数据分析将更加智能和精确。智能车队管理系统的广泛应用，将进一步提高物流和配送行业的效率和服务水平；实时路况和交通数据分析为物流行业提供了强有力的支持，有助于更好地应对日益复杂的城市配送挑战，实现降本增效和优化客户体验的双重目标。

2. 运用智能算法规划最优路径

智能算法如最短路径算法、启发式算法和仿真算法等，在路径规划中扮演着重要角色。最短路径算法通过分析所有可能的路线，计算从起点到终点的最短距离，广泛应用于需要迅速决策的配送任务。启发式算法通过结合路径和交通因素，快速找到最接近最优解的路径，适用于动态变化的交通环境。仿真算法（如蚁群算法和遗传算法）通过模拟大量可能的配送路径，不断优化选择，适合多点配送和复杂网络结构的优化。

通过这些智能算法，物流系统能够实时分析多种变量，如交通状况、路程距离、物流时间窗、车辆载重和燃料消耗等。基于这些数据，智能算法动态规划最优路径，并能及时调整以应对突发状况，如交通拥堵、道路施工或天气变化。这种灵活性极大地提高了配送效率，减少了配送时间和燃料消耗，降低了运营成本。

3. 对路径进行动态调整与实时监控

借助物联网和大数据技术，物流系统能够实时监控车辆的当前位置、速度、路线及交通状况等关键信息。通过这些数据，智能调度系统可动态调整配送路径，以应对突发事件，如交通拥堵、事故、天气变化或道路施工，从而减少延误，优化配送效率。

实时监控提高了运输安全性和货物可追踪性，可为客户提供更透明的服务体验。结合人工智能和机器学习，物流系统还能不断优化路径选择策略，为未来的配送提供更加精准的决策支持。这种动态调整和实时监控的能力，使物流企业在复杂多变的市场环境中保持竞争力，提升服务水平。

（二）运用大数据进行运输成本控制

1. 对车辆进行油耗控制与维护管理

油耗与车辆维护管理是物流运营成本控制的关键环节，直接影响运输效率和企业的整体利润。通过大数据和物联网技术，物流企业可以实时监测每辆车的油耗情况和驾驶行为，如加速时间、怠速时间、急刹车次数等，识别高油耗车辆或不良驾驶习惯，从而采取针对性的节油措施，优化驾驶行为，减少燃料消耗。

在车辆维护方面，基于大数据的预测性维护策略可有效降低故障风险。例如，通过传感器实时监控车辆关键部件的状态，如发动机、刹车系统和轮胎磨损情况等，提前发现潜在问题，避免突发故障。这样一来，不仅延长了车辆的使用寿命，还减少了因意外停运造成的时间和成本损失，确保车辆始终处于最佳运行状态，最大化运输效率并降低总运营成本。

2. 降低货物损坏率

物流企业可以通过优化包装设计和使用高质量包装材料，确保货物在运输和搬运过程中得到充分保护，尤其是易碎和高价值的物品；采用智能分拣系统和自动化设备减少人工操作，降低人为因素导致的货物损坏；借助大数据分析，物流企业可以识别损坏率较高的环节或线路，并进行针对性改进，如调整仓储布局、优化运输路径或培训员工正确的搬运技巧；利用物联网技术实时监控运输过程中的环境因素，如震动、温度和湿度，物流企业可以提前预防可能引起的损坏风险。

3. 提高运输效率

物流企业可以通过智能调度系统，结合大数据分析，动态优化运输路线和车辆调度，避免交通拥堵、事故和不利天气条件，减少配送时间和燃油消耗。智能路径规划算法如最短路径和启发式算法能够帮助物流企业选择最优的配送路径，提高车辆的周转率和运输效率。此外，采用车辆载重优化技术，合理分配货物重量和空间，能够避免车辆超载或空载，使每趟运输的经济效益达到最大。利用物联网设备实时监控车辆状态、驾驶行为和油耗情况，能够及时发现异常并进行调整，减少不必要的停运时间。

（三）运用大数据进行库存管理

1. 库存预测与预警系统

大数据和人工智能技术可以实现对库存水平的精确预测和风险预警，如对以往销售数据、市场趋势、季节性变化、促销活动等多种因素进行分析，准确预测未来的库存需求，避免因库存过多导致的存储成本增加或因库存不足引发的断货和销售损失。大数据技术也可以设置自动预警功能，在库存水平达到临界点时，及时发出补货或削减库存的建议。通过实时监控库存状态，物流企业可以更快响应市场变化，优化采购和生产计划，减少库存周转时间和成本。利用物联网设备与库存管理系统的无缝对接，还可以实时跟踪库存位置和状态，进一步提高库存管理的效率和透明度。

2. 仓储布局与作业优化

优化仓储布局可以通过合理安排货物存储区域、出入口位置和作业通道，最大限度地利用仓库空间，减少搬运距离和时间。科学的布局设计需要考虑货物的流动性、尺寸、重量和存取频率，常用物品要靠近出入口和作业区，减少拣选人员的行走和操作时间。在作业优化方面，可以采用自动化设备如智能分拣系统、自动引导车和仓库管理系统，提高拣选、上架、搬运和装卸的效率，减少人工操作带来的误差和损耗。企业还可以通过大数据分析实时监控和优化作业流程，及时调整资源配置和作业顺序，或者结合物联网，实现设备和货物状态的实时监控，提前预防设备故障和库存积压。

3. 提高库存周转率

通过精确的需求预测和库存计划，企业可以准确把握市场动态和客户需求，避免库存过多或不足的情况发生。大数据技术和人工智能技术能够识别销售趋势、季节性变化及市场需求波动，为企业提供精准的补货和库存调整建议。另外，企业可以实行先入先出和智能存储策略，加快库存的周转速度，避免产品老化或过期，同时采用自动化库存管理系统和物联网，实时监控库存水平，优化补货频率和批量，实现库存的动态调整。

第五章　大数据时代财务成本管理创新与实践路径

第一节　财务成本管理简述

一、财务成本管理理论

财务成本管理是企业经营中的核心支柱，它如同企业健康发展的生命线。它不是简单的数字和报表的组合，而是涉及企业在生产运营过程中方方面面的精细化管理，是确保企业资源得到最有效利用的关键所在。本节从四个方面介绍财务成本管理理论，如图 5-1 所示。

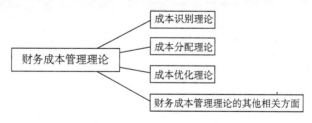

图 5-1　财务成本管理理论

（一）成本识别理论

成本识别是财务成本管理的基石，其核心在于精确区分并归类单位成本。这一过程要求明确划分直接成本与间接成本、固定成本与变动成本，为之后的成本分配及管理工作奠定稳固的基础。另外，成本识别还需深入分析成本的行为特性，如规模经济及成本驱动要素，进而对成本变动规律进行深入理解和精准把控。

（二）成本分配理论

应用成本分配理论，企业可以合理公平地将共同成本分配到不同产品、服务或部门，其核心在于选择合适的分配基准，在遵循因果关系、公平性和可操作性的原则下，采用作业成本等方法，确保成本精确归属，提升内部成本控制的有效性。

（三）成本优化理论

成本优化理论是一种高级的成本控制策略，它侧重于通过流程再造、技术革新和产品设计的优化，来达成成本的长期递减。该理论的核心在于强调企业的竞争优势不仅来源于短期的成本节约，还在于对成本管理机制的不断革新与精进。

在实施成本优化理论的过程中，企业往往会投入大量的资源来研发新技术，以优化生产流程，在生产效率和成本控制上获得突破。凭借这样的努力，企业可以在市场中更为灵活地应对价格竞争，同时保持产品和服务的高质量。成本优化理论强调的是一个动态的过程，它要求企业具备持续学习和改进的能力，以便不断发现和利用新的成本节约机会。该理论的实践表明，成功的成本优化能提高企业的盈利能力，同时可以强化其在行业中的竞争地位，使企业实现可持续发展。

（四）财务成本管理理论的其他相关方面

财务成本管理作为企业的一项核心功能，其理论基础并不局限于成本计算和控制，还涵盖成本行为分析、成本体量经济理论和成本驱动因素分析的深入研究，这些理论的共同目标是帮助企业从更广泛的视角审视成本问题，为企业制定有效的成本控制策略提供理论依据。成本行为分析关注成本与产量之间的关系，能帮助企业理解在不同生产水平下成本如何变化，为企业的规模扩张或缩减提供决策支持。成本体量经济理论深化了该分析，强调企业在扩大生产规模时单位成本下降的特性及其条件，为企业追求规模经济提供理论基础。成本驱动因素分析则着重于识别和评估影响成本变化的内外部因素，如原材料价格、劳动力成本、技术进步等，要求企业更精准地制定成本控制措施，以应对外部环境的变化。综合运用这些理论，企业可以更全面地理解成本结构和成本行为，并在此基础上制订出更科学、更合理的成本管理策略，以实现成本最优化，进而提升整体竞争力和市场地位。

二、财务成本管理的内容

财务成本管理的内容包括预算管理、成本核算、成本控制和成本分析等多个环节，每一个环节都有其独特的作用和不可或缺的价值。

（一）预算管理

预算管理是财务成本管理的起点，它通过对企业未来财务目标的合理规划，对资源的最优配置做出指导，为企业未来的发展方向和资金使用提供依据。合理的预算可以帮助企业在瞬息万变的市场中找到方向，为后续的财务管理活动奠定基础。

（二）成本核算

成本核算是将预算转化为实际的关键步骤，它确保每一笔费用都能被准确记录和报告，使管理层能够清晰地了解企业运营过程中的资源消耗状况。有效的成本核算，不仅能够给企业形成实时的财务报告，还能为后续的决策提供强有力的数据支撑。

（三）成本控制

成本控制是财务成本管理中不可或缺的一部分，它贯穿企业实际运营的每一个细节，确保企业在预算范围之内合理使用资金，避免成本超支。通过各种实际运营中的调整，如优化生产流程、削减不必要的费用支出等，成本控制在潜移默化中促进着企业的健康发展。此外，成本控制能够为企业在面对不可预知的市场变化时提供缓冲，从而使企业更加稳健地发展下去。

（四）成本分析

成本分析是财务成本管理的分析和总结阶段，通过对大数据的挖掘、整理和分析，企业不仅能找出影响成本的关键因素，还能为未来的计划和决策作出科学的预测和建议。

三、财务成本管理的多重角色及其如何驱动企业的可持续发展

在现代商业环境中，财务成本管理不再只是一个简单的财务工具，而是一个战略性的管理支柱，它在很大程度上决定了企业的生存能力和发展潜力。下面探讨财务成本管理在企业中的多重角色和其如何驱动企业的可持续发展。

（一）资源优化：实现最大化成本控制

在企业的角逐中，资源配置的有效性往往是决定企业成败的关键因素。通过科学的成本控制，企业可以在不降低产品或服务质量的前提下，实现资源的最优利用。这种精细化管理模式不仅可以大幅提高企业的运营效率，还可以减少不必要的开支和浪费，帮助企业在竞争中获得显著的成本优势。换句话说，成本控制的成功会为企业赢得更大的市场份额和更广阔的发展空间。

（二）财务决策的科学依据：提高资金使用效率

精准的成本管理为企业的财务决策提供了不可或缺的数据支持。通过深入分析各种成本数据，企业管理层能够作出及时而准确的决策。这不仅包括资金流的控制和投资方向的规划，还涉及日常运营中资金的合理利用。同时，通过科学的财务规划，企业可以有效降低财务风险，保障财务

稳定性，从而为企业的长期发展奠定坚实的基础。

（三）盈利能力的提升：利润率的预控

有效的成本管理不仅可以降低运营成本，提升企业在市场上的竞争力，还能够直接提高企业的盈利能力。通过对成本的合理预测和严密监控，企业能够迅速识别潜在的经济隐患，并制定适宜的调整策略。这种主动的管理方式不仅能提高企业的抗风险能力，还能为企业带来高额的回报，从而增强企业的市场吸引力。

（四）企业的可持续发展：经济效益与社会责任的双赢

现代企业在追求盈利的同时，还需注重社会责任的履行，而财务成本管理正是其实现双赢的重要途径。通过实施绿色节约的成本策略，企业不仅能提升经济效益，还能践行环境保护原则，赢得社会认可。长期来看，这种可持续发展的策略将为企业在不断变化的市场中提供不竭的动力。

四、财务管理中的目标成本管理

目标成本是指企业通过对市场进行调查、对自身进行分析、对市场经验进行总结后，结合实际情况、企业未来发展趋势和企业预期收益等制定的成本指标。而目标成本管理是一项较为系统的工作，属于财务管理工作中的重要部分，涵盖诸多环节，如成本策划、目标测算、过程核算及成本分析等。制定合理的目标成本，可以有效提高企业的竞争力和经济效益。

（一）目标成本管理内容

1. 人力资源成本管理

企业在进行生产经营活动时重要的资源之一是人力资源，而这些人力资源的投入都需要计入企业的经营成本中。企业招聘人员进行生产经营，需要支付工资、购买社保并提供福利和奖金，而对于高素质人才可能还需要提供一些额外的福利。因此，在生产经营成本中，人力资源成本占比较高，属于重要的成本。管理者在进行目标成本管理时，需要考虑在满足目标要求的情况下，采用科学方式降低人工成本，实现总体成本节约目标。

2.产品成本管理

产品成本管理是企业运营中的关键环节，涉及从产品设计、原材料采购、生产制造到销售服务的全过程。有效的产品成本管理不仅能够确保企业资源得到合理利用，还能显著提高产品的市场竞争力。通过精确的成本核算、严格的成本控制和持续的成本优化措施，企业可以及时发现并解决成本超支问题，实现成本效益最大化。在日益激烈的市场竞争中，精细化的产品成本管理已成为企业提升盈利能力、保持可持续发展的核心要素之一。

3.设备使用和维护成本管理

在企业的日常运营中，各类设备和仪器扮演着重要角色，因此就产生了设备使用与维护的成本。为了有效控制这一成本，企业应该采取科学管理策略，减少设备故障，延长设备使用寿命并提升其使用效率，从而提高企业整体经济效益。

（二）目标成本管理原则

1.全面性原则

全面性原则是指工作人员在进行目标成本管理时涉及指标必须广泛，确保管控全面不会出现遗漏。在管控时，工作人员还要考虑各成本管控对象之间存在的联系，并结合企业情况、市场情况和国家政策对管理内容和可能造成的影响进行分析，在特殊情况下可以申请对管理办法进行适当调整，保证目标成本管理方案和企业实际经营情况相契合，从而实现良好的管控效果。

2.系统性原则

目标成本管理对企业有重要的作用。要完全发挥出目标成本管理的作用，就要构建完善的管理体系，保障整个管理工作具有系统性。在实际工作中，企业要明确各部门的职能，以及成本管理存在的缺陷，制定科学、完善的监管制度及目标成本管理方案，借助完善、系统的体系，为目标成本管理工作的有效实施提供正确的指导，确保所有工作都落到实处，从而达到降低成本的目的。

（三）目标成本管理目标

1. 实现价格机制引导下的目标成本管理

实现价格机制引导下的目标成本管理，是提高企业竞争力与经济效益的关键途径。这一模式强调以市场价格为导向，根据市场需求和竞争态势灵活调整成本目标，帮助企业在保证产品质量的同时，实现成本控制最优化。通过深入分析市场价格波动与成本结构的关系，企业能够精准定位成本控制的重点，并采取针对性措施来降低不必要的开支，提高资源利用效率。这不仅有助于企业在激烈的市场竞争中保持优势，还能为企业的可持续发展奠定坚实的基础。

2. 产品生命周期成本最小化

目标成本管理的核心在于使产品生命周期成本最小化，因此，从原材料采购、运输、制造到市场推广的每个环节都需紧密围绕这一共同目标进行运作。在实施过程中，各部门需接受严格管理，确保目标一致性。相较于传统的固定生产线，灵活的生产模式更能适应小批量多品种的生产需求。随着产品生命周期的缩短，有效控制经营成本对于企业的生产成本控制显得愈发重要。

（四）目标成本管理优化措施

1. 建立科学、合理的目标成本管理体系

建立科学、合理的目标成本管理体系是实现高效成本管理的重要基础。该体系的构建不仅需要符合企业自身的实际情况，还必须充分考虑外部市场环境、行业竞争态势，以及企业内部资源配置等多重因素。企业要

通过科学分析，制定具有可操作性且富有前瞻性的成本目标，为成本控制提供明确的方向和依据。

2. 科学控制目标成本管理

科学控制目标成本管理要求企业在实施成本管控时，既要注重成本控制的有效性，又要兼顾企业的长远发展。具体来说，企业可运用数据分析工具，对成本数据进行深度挖掘，识别成本节约的潜力点，同时建立成本效益分析机制，对成本投入与产出进行量化评估，确保成本控制的决策科学合理。

3. 优化成本核算和预算管理方式

优化成本核算和预算管理方式是提高目标成本管理效率的关键。企业应采用先进的成本核算方法，如变动成本法、标准成本法等，以更准确地反映产品成本构成，为成本控制提供精准依据。在预算管理方面，可以推行滚动预算与弹性预算相结合的方式，增强预算的灵活性与适应性，确保预算目标与企业实际运营情况相匹配；可以加强预算执行的监控与分析，及时发现偏差并采取措施进行调整，确保预算管理目标实现。

4. 创新风险预警防控及处置机制

在目标成本管理中，创新风险预警防控及处置机制对于保障企业稳健运营至关重要。企业应建立全面的风险识别与评估体系，对可能影响成本目标的内外部风险因素进行持续监测，通过数据分析与模型预测，提前识别潜在风险点，制定有针对性的防控措施。例如，企业可以建立健全风险应急响应机制，一旦发生风险事件，迅速启动预案，有效控制风险损失。

第二节　财务成本管理中的财务成本控制

一、财务成本控制简述

（一）财务成本控制的内容

1. 资金控制

目标成本管理涵盖了多个关键方面，主要包括流动资金控制、固定资产投资控制及资金来源和结构控制三大核心内容。

在流动资金控制方面，企业需要建立流动资金归口分级管理责任制度，明确各级的管理职责，确保资金的合理分配与高效利用。同时，要加强存货控制、现金控制及应收账款控制，进而降低资金占用成本，提高资金周转率。在固定资产投资控制方面，企业需要重视投资项目的可行性，科学评价固定资产投资方案，确保投资决策的准确性与合理性。另外，对投资决策过程要进行严格控制，防范在投资过程中存在的投资风险，保障企业资产稳健增长。在资金来源和结构控制方面，企业应从宏观筹资策略与资本结构优化两方面着手，确保资金供给的稳定性与融资结构的合理性。一方面要根据企业的发展战略与资金需求科学制定融资计划、统筹利用自有资金、银行贷款、债券融资、股权融资等多种资金来源渠道以实现融资渠道的多元化和资金成本的最小化。另一方面要合理配置长期与短期资金比例、优化资本结构、控制资产负债率、提高企业的偿债能力与财务稳定性。另外还应加强对融资风险的识别与管理，避免过度依赖某一类资金来源、防范资金链断裂等系统性风险的发生，从而为企业可持续发展提供坚实的资金保障。

2. 成本费用控制

在企业的生产经营活动中，成本费用贯穿生产、销售、管理等各个环节。因此，要想实现成本费用的有效控制，必须在企业的每一个角落都树立起成本控制的意识，使成本得到有效的管理。

要实现这一目标，首先需要对成本费用控制的程序、方法和手段进行深入的研究和探讨。通过掌握成本费用控制的基本原理和技巧，企业可以更加精准地识别和控制各项成本费用，从而达到降低成本、提高效益的目的。具体而言，成本费用控制的基本内容包括对各项成本费用项目的具体管理。企业需要根据自身的实际情况，结合市场环境的变化，制定切实可行的成本费用控制策略，并通过对各项成本费用项目的精细化管理，实现成本控制的目标。

3. 收入控制

收入主要是指企业销售产品和提供劳务所取得的现金或现金等价物流入量。销售收入是由销售价格和销售数量两部分共同形成的，因此，对销售收入进行控制，主要是对销售价格和销售数量进行控制。其中，对销售货款的控制具有十分重要的意义，可以采取责任控制、合同控制和货款回收控制等具体措施。

4. 利润控制

利润是企业销售收入与各种成本费用直接配比的结果，是最能体现财务成本控制成绩的财务成果指标。对利润实施控制，可以巩固财务成本控制的最终成果，可以考核各财务成本控制中心的业绩，可以分析影响企业利润升降的具体原因，有针对性地采取措施，为进一步提高企业经济效益奠定基础。利润控制的主要内容有目标利润和资金利润率的确定和分解、利用量本利分析法和营业杠杆系数对利润进行控制，以及建立健全的利润控制责任制度等。

（二）财务成本控制的方法

方法是完成任务、解决问题的基本手段和途径，做任何工作、研究任何问题都需要应用科学合理的方法，财务成本控制也是如此。财务成本控制是一个复杂的系统工程，实施财务成本控制工程，研究、解决财务成本控制中的实际问题，仅靠单一的方法是行不通的，需要综合运用多种方法。财务成本控制的方法，如图 5-2 所示。

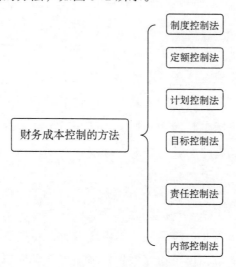

制度控制法
定额控制法
计划控制法
财务成本控制的方法
目标控制法
责任控制法
内部控制法

图 5-2　财务成本控制的方法

1. 制度控制法

（1）制度控制法概述。制度控制法是一种通过建立和执行相关制度和规则以实现组织目标的管理方法。它的核心在于通过系统化、标准化的程序和规章来控制和指导员工的行为，提高工作效率，确保工作的各个环节都符合组织的战略目标。其目的是保证组织目标的实现，降低运营风险，确保资源的有效利用，并提高整体管理效率。

（2）制度控制法的内容。

①制度设计与规划。根据组织的战略目标和运营需要，设计相应的制度，确保其合理性与可行性。

②制度实施。将制定的制度在组织中推行，并确保相关人员理解和遵守。

③制度监督与评估。定期检查制度的执行情况，并评估其有效性和对组织目标的贡献。

④制度调整与完善。根据评估结果和外部环境的变化，对现有制度进行适当的修改和完善。

（3）制度控制法的作用。

①预算管理。通过预算制度来控制财务资源的分配和使用，以确保其与组织的战略目标保持一致。预算的制定、执行和调整都需要制度控制法的支持。

②成本控制。通过建立成本核算和分析制度，来监控和降低各项运营成本，从而提升组织的盈利能力。

③财务报告。通过财务报告制度，确保财务信息的准确性、完整性和及时性，为管理层决策提供可靠的数据支持。

④风险管理。建立风险评估和管理制度，以识别、衡量和应对财务操作中的各类风险，确保财务健康和合规。

⑤内部审计。通过内部审计制度，对财务活动的合法性、合规性和经济性进行检查和监督，提升财务管理的透明度和可信度。

总之，制度控制法的应用可以帮助组织在财务管理中实现效率和效益的双重提升，为组织的可持续发展提供有力支持。通过制度的设立和严格执行，财务控制能够更加精确有效，风险也能得到更好的控制。

2. 定额控制法

（1）定额控制法概述。定额控制法是一种通过设置特定预算限额来管理和分配资源的财务控制方法。定额控制法的核心在于"定额"和"控制"。其中，定额是指为特定项目或活动设定的财务上限，旨在确保所有资源使用都不会超出这个上限；控制是通过设定的定额对会计数据进行监控和评估，以确保实际支出与计划预算保持一致，达到有效管理财务的目的。

（2）定额控制法的内容。

①预算制定。根据历史数据和未来预测，设定合理的预算上限。这一过程需要综合考虑市场变化、企业战略目标及各部门的具体需求。

②过程监控。通过对项目实施过程中的资金流动进行持续监控，确保实际支出不超过预算定额。这一步要求实时的财务数据更新和灵活的应对机制。

③绩效评估。在项目或预算周期结束时，评估实际支出情况与预算定额的差异，通过评估结果总结经验，优化未来的预算制定和资源配置策略。

（3）定额控制法的作用。

①提高财务透明度。通过设定和监控预算，管理层能够清晰地了解资金流向和使用情况，提高资金使用的透明度。

②风险管理。帮助企业在财务规划中有效管理风险，通过监控和评估机制，及时识别和调整风险点。

③资源优化配置。通过明确的预算限制，企业能够避免资源浪费及重复支出，确保资金的合理分配和使用。

④业绩提高。通过持续的财务分析和反馈，协助企业提高运营效率和财务表现，最终达到提高企业整体竞争力的目标。

总之，定额控制法作为一种重要的财务控制手段，面对不断变化的市场环境和企业需求，为现代企业的可持续发展提供了坚实的保障。在实施过程中，通过不断调整和优化，定额控制法将继续为企业的财务健康保驾护航。

3. 计划控制法

（1）计划控制法概述。计划控制法通过编制计划来确定计划期的控制目标，并规定为达到计划指标而需要采取的措施。

（2）计划控制法的内容。

①制定财务预算。通过制定财务预算，将各项财务活动计划化，以指导企业的资金运作。

②资源配置。合理调配企业资源，优化其使用效率，确保财务资源的有效利用。

③成本控制。控制企业运营成本，通过分析成本与预算的偏差来优化成本结构。

④绩效评估。按计划和预算对企业的财务表现进行评估，及时识别偏差并调整策略。

（3）计划控制法的作用。

①减少不确定性。通过详细的计划降低财务活动的不确定性，提高决策的有效性。

②促进资源优化配置。帮助企业优化资源分配，提高资金使用效率，减少浪费。

③提高企业盈利能力。通过严格的成本控制、优化决策，提高企业的盈利能力和财务稳定性。

④增强风险管理能力。通过连续监控和评估，及时发现潜在财务风险并采取相应措施进行规避。

4.目标控制法

（1）目标控制法概述。目标控制法是一种以目标为导向的管理方法，通过设定明确的目标来指导和协调资源的使用及活动的进行，以实现组织的战略和营运目标。这一方法的核心在于通过预先设定的目标来引导各部门和人员的行为，使之有序、高效地朝着共同的方向努力。

（2）目标控制法的内容。

①明确目标。确定具体、可衡量、可实现、相关且有时限的目标。

②制订计划。确定实现目标所需的资源、步骤和时间安排。

③执行与监督。按照计划实施各项任务，并在实施过程中通过监控方式确保执行进度与方向。

④绩效评估。评估实际结果与预定目标之间的差距，通过绩效评估来反思并优化后续工作。

（3）目标控制法的作用。目标控制法不仅提供了一种衡量财务表现的标准，还为管理决策提供了重要指导。下面介绍目标控制法在财务控制中的几个显著作用。

①促进资源的高效配置。通过设定具体的财务目标，企业能够更明智地分配有限的资源，如资金、人员和时间。这样使得资源的使用更具目的性，避免了浪费和分散。

②增强成本意识和控制能力。通过对预算的精准设定与监控，使企业各部门关注成本效益。在实施过程中，企业可以及时发现偏差，采取相应纠正措施，从而有效控制成本，提高经营效率。

③提高绩效评估的透明度和客观性。明确的目标为绩效评估提供了客观基准。企业能够通过对比实际业绩与目标的差距，准确衡量各部门或个人的绩效，并制订相应的激励或改善计划。

④支持战略决策和风险管理。基于目标的财务控制有助于企业管理者进行长期战略规划，并在变化的市场条件中进行有效的风险管理。通过对实际结果与预定目标的分析，企业能够识别出可能的风险或机会，从而作出及时调整。

⑤增强组织凝聚力和员工动力。清晰的财务目标不仅能统一企业的整体行动方向，还能激发员工的使命感和责任感。在共同目标的驱动下，员工更容易协作和追求一致的结果，进而推动整个企业的可持续发展。

总之，目标控制法在财务控制中的应用极大地提高了组织的效率和效能，它是企业保持市场竞争力不可或缺的工具和策略。

5. 责任控制法

（1）责任控制法概述。从广义的角度看，责任控制法是通过建立各种经济责任制，划分各级责任层次，将所要控制的责任目标层层分解，形成各个部门、岗位、个人的责任目标，以责任的内在运行机制进行调节，使各个责任中心变外在压力为内在动力，自觉地控制责任目标的完成，从而达到责任目标控制的最终目的。从狭义的财务成本控制角度看，责任控制法是通过建立财务成本控制责任制，明确财务成本控制体系中各个岗位的职责，按照分工负责的原则，确定具体的目标，使每个人都有各自在财务成本控制过程中的经济职责，并以此作为经济责任制的一项重要内容，定期进行核算、反馈和考核，来进行财务成本责任控制的一种方法。

（2）责任控制法的内容。责任控制法要求以责任中心为对象归集财务成本责任，以责任预算为预控目标，以责任会计制度为核算、报告基础。责任控制法的基本内容如下。

①划分责任中心。责任中心是财务成本控制责任的承担者和履行者，也是实施责任控制的主体。划分财务成本活动责任中心是实施财务成本责任控制的基本前提。可控和合理负担是划分责任中心的基本原则，责任中心的划分要有利于责任的落实、监控和考核。一般情况下，可把财务成本责任中心划分为组织控制责任中心、控制并执行责任中心和执行责任中心。

②归集、分配财务成本责任。归集、分配财务成本责任指在实际财务成本活动发生的过程中，以责任中心为对象，运用责任会计的一套专门方法归集、分配所发生的资金、收入、成本、费用和利润，形成责任中心的财务成本责任。归集、分配责任是运用责任控制法控制财务成本的关键环节。

③编制业绩报告，严格进行考核。通过责任会计制度核算出各责任中心的财务成本责任，供有关部门对责任制度的遵守情况进行了解、掌握，并据此分析财务成本控制方面的有利因素和不利因素，它是责任控制法的最后一个程序。

（3）责任控制法的作用。在现代财务管理中，责任控制法扮演着至关重要的角色，它不仅能帮助企业有效地分配资源，还能确保各个部门和个人对其财务活动负有责任。责任控制法在财务控制中的作用如下。

①明确责任分工。责任控制法能够对财务权责进行明确分工，使每个部门和个人都有清晰的责任界限。这不仅有助于提高工作效率，还能避免因职责不清而导致的资源浪费。

②促进预算管理。在责任控制法的框架下，各部门被赋予制定和执行预算的自主权。这种自下而上的预算管理方式，使得各部门能够根据自身

需求合理配置资源，为企业整体的预算控制提供了坚实的基础。

③提高绩效考核。责任控制法为企业提供了一套系统的绩效测评机制。通过对各责任中心的财务指标进行分析和评估，企业能够准确评定各部门和个人的绩效，并据此进行适当的奖惩，从而激励员工提高工作效率，优化财务管理。

④加强成本控制。通过责任控制法，企业能够对成本进行有效管理。各责任中心对其成本支出有直接的责任，这使得任何偏差或超支都能迅速被发现和纠正，从而降低了企业的财务风险。

⑤支持战略决策。责任控制法所提供的详尽的财务报表，为企业管理人员提供了可靠的决策支持工具，使得管理人员能更好地进行战略规划和调整，提高企业的整体竞争力。

6. 内部控制法

（1）内部控制法概述。内部控制法是指企业为了实现其目标，通过建立合理的组织结构，制定科学的制度和流程，对企业活动进行计划、组织、指挥、协调和控制的一整套体系。其目的是确保企业资源的有效利用，从而提高企业的经营效率与效益，保障资产的安全和信息的准确性。

（2）内部控制法的内容。内部控制法通常包括环境控制、风险评估、活动控制、信息与沟通、监控五方面。其中，环境控制是基础，涉及企业文化、道德标准，以及管理层的态度和风格；风险评估是识别和分析可能阻碍企业目标实现的风险；活动控制是具体的政策和程序，以确保风险可以得到有效管理；信息与沟通涉及确保相关信息在企业内部和外部能被及时获取和理解；监控是对内部控制制度的持续检查和完善。

（3）内部控制法的作用。内部控制法在财务控制中的作用尤为关键。首先，它确保了会计信息的准确性和完整性，通过严格的制度防范差错和舞弊行为。其次，内部控制法提高了资金使用效率，实现了对企业资源的有效保护。最后，内部控制法可以更深层次地推动企业管理的科学化和规范化，促进企业内部的协调与沟通，支持企业的战略目标实现。因此，实

施良好的内部控制，不仅是法律法规的要求，更是企业长远健康发展的
保障。

二、财务成本预算管理及控制

（一）财务成本预算管理的意义

1. 提高资源利用效率

对企业财务成本进行预算管理与控制，有利于提高资源利用效率。首
先，财务成本预算管理通过科学的预算编制，明确企业在一定时期内的财
务支出计划，帮助企业合理分配资源。其次，企业在预算执行过程中，通
过对各项支出的监控和管理，确保各部门严格按照预算计划执行。再次，
通过定期的预算执行情况分析，企业可以及时发现和纠正偏差，确保资源
能合理使用。最后，财务成本预算管理与控制可以提高企业的决策质量。
通过详细的预算编制和成本控制，管理层可以更清晰地了解企业的财务状
况和运营情况，从而作出更加科学合理的决策。

2. 降低企业运营风险

财务成本预算管理与控制在降低企业运营风险方面具有显著作用。首
先，通过详细的预算编制和严格的成本控制，企业可以对未来的财务状况
进行预测和规划，提前识别和评估潜在的财务风险，从而在面对不确定性
时及时采取应对措施，减少因突发情况带来的财务风险。其次，财务成本
预算管理与控制可以帮助企业有效监控和管理各项成本支出，避免浪费和
损失。例如，企业在运营过程中，通过定期的财务审计和成本分析，及时
发现并纠正财务管理中的问题，如不合理的开支和低效的资源利用，不仅
有助于节约成本，还可以降低因财务管理不善而带来的运营风险。最后，
财务成本预算管理与控制有助于提高企业的抗风险能力。通过科学的预算
编制和严格的成本控制，企业可以增强财务实力，应对突发的市场变化和
经营风险。例如，企业在市场环境发生变化时，可以利用财务储备调整经

营策略，避免因市场波动导致的重大财务风险。

（二）财务成本预算管理的作用

从战略管理上来讲，全面预算管理强化了企业内部各部门间的协同合作，有效缓解了内部冲突。它促使管理层从全局出发，审视并优化各部门间的关联，明确职责划分，确保整体运作的和谐统一。全面预算还能在一定程度上激发各部门的积极性，共同推动企业整体及长远目标的实现。

从绩效考评上来说，全面预算是企业计量化和货币化的体现，为绩效评估与考核体系的建立提供了坚实的支撑。预算的制定不仅为各部门及员工的业绩衡量设定了明确的标准，还促进了量化考核与奖惩机制的落实，使得激励措施与行为控制更为精准有效。通过全面预算管理，企业内部各项工作得以规范化，经营活动被赋予了清晰的目标导向与制度框架，从而大幅减少了管理决策的随意性与政策的不连贯性。这一管理体系确保企业能够遵循既定战略，有序开展业务，提高了运营的稳定性和可预测性，为企业的持续发展与竞争力提高奠定了坚实的基础。

从风险控制的角度看，全面预算管理能够有效降低企业的经营和财务风险。预算作为计划的延伸，促使企业各级管理者提前规划和部署，能够避免企业在无序扩张中面临不必要的风险。通过全面预算，企业能够在量化的基础上实现对内部资源的合理分配与控制，确保经营活动与发展目标始终保持一致。整个预算制定与执行过程不仅是对未来经营环境的预判，也是一个动态调整和自我优化的过程，能帮助企业在不断变化的市场环境中保持灵活应对能力，从而降低潜在的经营风险和财务压力。

（三）财务成本预算管理的方法

1.历史法

历史法指基于过去的财务数据，通过分析历史趋势和模式来预估未来的成本。这种方法适用于业务稳定且变化不大的企业。在使用历史法时，企业可以识别出长期存在的花费模式，从而为未来的财务规划提供坚实的基础。然而，这种方法也有其局限性，即可能无法适应突如其来的市场变化。因此，企业选择这种方法时，应结合整体市场趋势，灵活调整历史数据的权重。

2.零基预算法

零基预算法指不依赖历史数据，从零开始，逐项列出必要的开支。每一部分都需重新评估其必要性和价值。这种方法适用于需要严格控制支出和希望提高花费效率的企业。通过零基预算法，企业可以深入分析每一笔费用的合理性和有效性，从而最大限度地减少浪费，并提升整体资源的利用效率。

3.滚动预算法

滚动预算法指预算是动态的，根据定期（如每个季度）更新的实际结果进行调整。这种方法可以保证企业对快速变化的市场环境做出及时反应。通过滚动预算法，企业能够持续监控财务表现，并不断优化预算设置，以确保财务决策始终与最新的市场动态保持一致。这对于那些处于快速发展中的企业尤为重要，为其提供了灵活的预算调整机制。

（四）财务成本预算管理的内容

1.直接成本与间接成本

直接成本包括原材料、直接劳动等可直接归因于产品或服务的成本。这些成本的准确计算有助于产品定价决策，从而提高市场竞争力。间接成本则为无法直接归因于特定产品或服务的费用，如管理费用、租金等。对间接成本的有效管理，可以帮助企业优化组织效能和资源分配，降低企业的整体经营风险。

2.固定成本与变动成本

固定成本不随着生产或销售量的变化而变化，如租金、基础工资等。这类成本可通过规模经济的实现进一步摊薄。变动成本则会随着业务量而调整，如销售佣金、运输费用等。企业在规划变动成本时，可以探索灵活定价策略或寻求更优惠的合同条件以优化成本结构。

3.资本支出预算

企业在制定资本支出预算时，要特别关注投资的回报率和投资风险，通过深入的投资分析，确保资本的高效使用和长期回报。

4.营运预算

日常运营成本的规划，如人力资源支出、销售和市场费用等。良好的营运预算方案，能够在确保企业日常运作顺畅的同时，合理控制支出，为企业创造更大的运营余地。

5.应急资金预算

应急资金预算是企业财务管理中的"安全网"，它能确保企业在面临突发事件时有足够的资金应对，保障企业的持续运营和财务稳定。

通过以上方法和内容的合理运用，企业可以更好地预测并管理未来的资金流，优化资源配置，支持其长期战略目标的实现。企业应根据自身的发展阶段和市场环境，灵活选择合适的预算方法，这样才能在复杂的市场竞争中立于不败之地。

（五）财务成本预算管理及控制措施

1.积极转变财务成本预算管理理念

企业运行过程中，财务预算管理与成本控制工作人员要有较高的综合素质，要从思想上提高对财务成本预算管理的重视程度。为此，财务预算管理与成本控制工作人员要树立科学的管理理念，不仅要提高自身的综合素质，还要提高对财务成本预算管理工作的重视程度。所有管理人员都应该积极参与财务成本预算管理工作，全面实施财务预算管理与成本控制。

2.细化财务成本预算编制

企业业务特点和财务成本预算管理与控制工作有着重要的联系，管理者要想更好地对各项资源进行优化配置，就需要对预算编制加以细化，并且做好后期预算执行工作。对预算编制进行细化时，管理者应进行全面统筹，要收集各方面数据信息，对各部门进行调查和分析，从而制定更加科学合理的定额标准。另外，企业财务成本预算管理与控制工作应基于实际发展情况，根据当前生产、销售与成本管控目标制定下一年度管理目标，将目标下达给各部门，并以此为依据调整各部门工作内容。预算编制工作完成之后，各部门应根据预算执行任务的要求开展实际工作，从而发挥财务成本预算应有的作用和价值。

3. 建立完善的监督机制

财务预算管理和成本控制要建立财务预算管理和成本控制监督机制，以保证预算的科学性及成本的合理化利用，提高企业的整体利润。首先，企业要搭建一个财务预算管理及成本控制监督平台，明确财务预算管理及成本控制流程。其次，企业要对成本支出进行监督，根据各部门预算拨款标准，分析其成本使用是否合理。对于未按照规定标准进行成本支出的行为，企业要寻找原因，并重新规划其成本支出。最后，企业要建立奖惩机制，对未落实成本控制要求的部门进行处罚，同时对表现较好的部门提出表扬并给予奖励，以更好地落实成本管控措施。财务预算和成本监督机制，如图 5-3 所示。

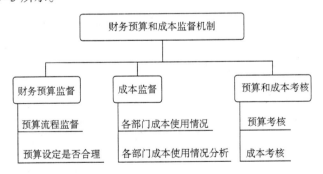

图 5-3 财务预算和成本监督机制

4. 提高财务信息化建设水平

企业财务预算管理与成本控制要实现信息化，必须定期组织财务管理人员参加信息化培训。同时，企业要引进先进的信息化技术和设备，让财务成本预算管理能够在企业运营中发挥出更重要的作用；要采用信息化技术，提高信息安全保护能力，保证网络运行环境的安全性，尽量减少信息安全风险，从而提高经济效益。

5. 提高财务预算管理人员综合实力

企业要做好财务预算管理与成本控制工作，一方面要积极引进财务预算管理人才，因为经验丰富、专业技能较强的财务预算管理人员能充分提高财务预算管理成效，使企业能够长期稳健发展；另一方面，财务预算管理者不仅要学习财务知识，还要提高自身的管理能力，以提升企业整体财务预算管理与成本控制的效果。

6. 完善成本预算考核体系

企业财务成本预算管理和控制工作应在标准化、规范化的要求下进行，因此要完善相应的考核体系。基于此，企业应根据自身的实际情况和各部门特点以及具体项目要求，制订科学的绩效考核方案，并完善具体考核指标，包含财务指标完成情况、基础管理工作、工资奖金支出等。为提高财务成本预算执行效果，企业还可以将考核结果与各部门员工奖金、升职、评优等内容联系起来。如果各部门没有按照要求和进度完成计划，要做好调查工作，查找主要原因，并采取有效措施。

三、健全财务成本控制管理制度

（一）财务成本控制管理制度体系构建的原则

1. 合法性原则

企业在构建财务成本控制管理制度的过程中，必须严格遵守国家的法律、法规和行业标准。这意味着，企业的财务管理措施、政策和流程都应符合相关的会计准则、税法规定、证券法律和公司治理规则等。合法性原则的遵循对于保证企业的财务活动合规性、维护投资者和其他利益相关者的权益，以及提升企业的整体信誉和市场竞争力至关重要。遵循合法性原则还有助于企业避免法律风险和潜在的经济损失，确保企业的稳定发展和可持续经营。

2. 全面性原则

全面性原则要求企业在制定财务成本控制管理制度时，应全面考虑企业的经营活动、管理需求和战略目标。这意味着，财务成本控制管理制度不仅要覆盖企业财务管理的所有关键方面，如资金管理、预算编制、成本控制、内部审计、财务报告等，还要考虑企业的长期发展规划和战略方向。全面性原则意味着在制定财务成本控制管理制度时，企业需要考虑不同子公司、业务单元和地区的特点和需求，确保制度既有统一性又有灵活性，能够适应不同场景和条件的需求。通过全面性原则的指导，企业能够建立一个既坚固又灵活的财务成本控制管理体系，有助于提高整个企业的财务管理效率和效果。

3. 适应性原则

适应性原则强调财务成本控制管理制度必须具备足够的灵活性，以适应企业总部、各子公司的变化和发展。随着市场环境、技术进步和企业战略的调整，企业各部分的业务和信息需求也会发生变化。适应性原则要求财务成本控制管理制度不仅满足当前的需要，还能够适应未来的变革。为实现这一原则，企业在制定财务管理制度时应采用模块化和可配置的设计思路，确保制度可以随着时间和环境的变化进行适当的调整和优化。

4. 明确性原则

明确性原则强调财务成本控制管理制度在内容和要求上应当具有清晰、明确的表述，避免模糊和歧义。制度的每一个部分都应该表述得简洁明了，使所有的财务人员和相关的利益方都能清晰地理解其内容和目的。明确的制度为企业提供了一种有力的管理工具，可以确保财务信息的准确性、完整性和及时性。为实现明确性，制度制定者应用专业的语言和格式进行表述，避免使用复杂的术语和过于技术性的描述，并定期对制度进行审查和更新，确保其保持与时俱进。

5. 经济性原则

在建设财务成本控制管理制度体系时，遵循经济性原则至关重要。这意味着制度的设计和实施应致力于有效降低企业的总体财务成本，同时提高财务管理的水平和经济效益。首先，建设财务成本控制管理制度体系时要考虑成本与效益的平衡，避免过度复杂或烦琐的流程和规定，这样可以减少不必要的行政开支和时间成本。其次，要通过制度优化资金使用和配置效率，如通过有效的资金管理和内部资金调配，减少外部融资需求和相关成本。

6. 稳定性原则

稳定性原则指出，为了保证财务成本控制管理的有效性和可靠性，制度应保持一定的连续性和前后一致性。首先，稳定性原则要求制度不应频繁变动，因为频繁的改变可能导致管理混乱、员工混淆和执行效率下降。其次，即使在必要时进行制度的更新或调整，也应确保变更过程是透明和有序的，给予员工足够的时间和资源适应新的制度要求。最后，该原则强调制度的持续性，意味着制度应该能够适应长期的业务发展和市场变化，从而确保长期的财务稳定和可持续发展。

（二）财务成本控制管理制度体系构建的方式与程序

1. 财务成本控制管理制度体系构建的方式

（1）企业内部自行构建。企业选择内部自行构建是指企业依赖于自身的管理团队和财务专家来制定财务管理规范和程序。这种方式的优点在于能够确保制度体系与企业的具体业务需求、组织结构和文化完全吻合。通过内部自建，企业能够更深入地理解和反映自身的运营特点和战略目标，从而设计出更加适合的财务管理策略和流程。内部自行建立财务成本控制管理制度体系的方式也有利于增强员工对制度的认同感和归属感，因为这些制度是由企业内部人员共同参与和塑造的。然而，这种方式也存在一定的局限性。首先，自行建立财务成本控制制度体系需要企业具备足够的财务和管理专业知识及相应的资源投入，包括时间、人力和财力。其次，如果内部缺乏足够的专业经验和外部视角，可能导致制度设计出现偏差或无法有效应对外部环境的变化。因此，企业在自行建立财务成本控制管理制度体系过程中需不断进行市场调研和参考行业最佳实践，确保制度的有效性和前瞻性。

（2）委托中介机构构建。企业委托外部专业机构，如财务咨询公司、审计机构或法律顾问，来协助建立和优化其财务成本控制管理制度体系。这种构建方法的优势在于能够利用外部专家的专业知识和经验，为企业提供更广泛的视角和更深入的分析。这些中介机构通常具备最新的行业知识、财务管理趋势和法规变化信息，能够帮助企业设计出更符合国际标准和最佳实践的财务成本控制管理制度体系。通过委托中介机构，企业能够节省内部资源，尤其在制度设计和实施初期。然而，委托中介机构也存在一定的局限性。首先，成本较高。特别是对于一些高端咨询服务。其次，外部顾问可能缺乏对企业特定业务的深入了解，企业需在整个过程中保持积极参与，确保外部建议与内部实际情况相结合。最后，为保持制度的连续性和适应性，企业在委托建立财务成本控制管理制度体系之后，还需要持续进行内部培训和制度维护。

（3）联合构建。联合构建方式是指企业与外部专业机构或者其他企业合作，共同建立财务成本控制管理制度体系。这种方法融合了内部资源和外部专业知识，旨在结合企业的具体需求和最佳行业实践来构建更加全面和有效的财务管理体系。在联合构建的过程中，企业可以与外部专业咨询公司、行业协会、标准制定机构或其他有经验的企业合作。这样的合作使企业在对自身业务和文化的深刻理解基础上，充分利用外部机构的专业知识、技术能力和行业经验。通过这种方式，企业不仅能够获得关于财务成本控制管理的最新见解和实践方法，还能确保所建立的制度体系既具有前瞻性，又契合企业的实际运营情况，还可以促进知识和经验的共享，这对于企业理解复杂的财务规范、应对市场变化，以及采用创新财务管理方法具有重要意义。同时，这种合作方式有助于提高企业员工的专业技能和知识水平，因为他们将有机会直接与外部专家交流，并向其学习。

2. 财务成本控制管理制度体系构建的程序

（1）确定构建方式，建立构建团队。无论选择哪种构建方式，都需要组建一个高效的构建团队。该团队应包括财务管理人员、其他管理人员及外部专家。财务管理人员负责提供专业的财务知识和实践经验，其他管理人员提供业务流程和操作的见解，而外部专家则提供专业的指导和最新的行业最佳实践。

（2）开展调查研究。开展调查研究是建立财务成本控制管理制度过程中的重要环节，其目的是深入了解企业当前的财务管理状况、存在的问题以及未来的发展需求。通过调查研究，企业可以准确把握现有的财务流程，识别潜在的瓶颈或不足，从而为制度的优化提供明确的方向。具体地说，调查内容应涵盖企业的财务流程、数据处理方式、报表生成机制及与其他部门的信息交流模式等。在这一过程中，调查团队会与各部门进行深入交流，以获取第一手实际操作经验和需求信息。这种交流不仅有助于发现隐藏的问题和需求，还能增强各部门对制度建立的参与感和认同感。更重要的是，调查研究还为制度的推广和实施奠定了基础。同时，了解员工的态度和期望有助于企业制定更为有效的培训和宣传策略，确保新制度得到广泛的接受和有效的执行。因此，深入、细致的调查研究对于企业财务成本控制管理制度的成功建立与运行至关重要。

（3）制定草案。首先，需要根据前期调查和准备阶段收集的数据和信息，由财务部门的负责人主持，结合企业的生产经营特点和管理要求，对规划的财务制度制订方案进行深入分析。分析的内容包括对企业现有财务管理体系的评估、行业最佳实践的借鉴、法律法规的要求以及企业未来发展的战略规划等。其次，需要对制度制定的具体内容和形式进行初步界定，明确哪些财务管理领域需要制定新的制度或修订现有制度，如预算管理、资金控制、内部审计、会计核算等。对于每个领域，需要详细列出制度的具体条款和实施细则，以确保制度的完整性和可操作性。再次，需要考虑制度的形式，如制度文件的结构、格式和发布方式，以便制度的实施和执行。最后，需要按照制度制定的分工，落实具体的制定人员和完成时间。这一环节需要明确各个子项目的负责人，制定详细的时间表，并确保各项工作按计划进行。具体的起草工作由指定的财务管理人员、其他管理人员及外部专家共同完成。起草过程中，各团队成员需密切合作，结合各自的专业知识和经验，对制度草案进行多次讨论和修订，以确保制度内容的科学性、合理性和适用性。起草工作需要充分考虑企业的实际情况，确保制度既符合企业的生产经营特点，又能有效提高财务管理水平。

（4）修改完善。当财务制度草案初步完成后，需要广泛征求各相关部门和人员的意见，收集实际操作中的反馈和建议，发现制度草案中可能存在的问题和不足。在充分吸收各方意见的基础上，可以进行一段时间的试运行。试运行是将制度草案在企业的日常财务管理中实际应用，以验证其可行性和有效性。试运行期间，应密切监控制度的执行情况，及时记录和分析出现的问题。在试运行结束后，根据收集到的反馈和运行情况，要对不切实际或难以操作的条款进行调整，对模糊或不明确的规定进行澄清，以及根据最新的法律法规和行业标准进行必要的修订。

（5）发布实施。财务成本控制管理制度经过试运行和多轮修订后，确认其已达到预期的制定要求，具备实际操作性和有效性，即进入正式定稿阶段。此时，需要对所有条款进行最终审核，确保其内容准确无误、逻辑严谨，并完全符合企业的实际需求和法律法规的要求。审核完成后，财务成本控制管理制度文件由企业法人代表签署，以确认其法律效力和企业内部的正式地位。企业需选择最合适的发布方式，以确保新制度能够被所有相关人员及时了解和掌握。发布方式包括在企业内部网站公布、通过邮件分发、印制成册分发至各部门等。发布的同时，应明确新制度的正式执行时间，通常需要给予员工一定时间的过渡期，以便他们熟悉和适应新的制度要求。

为确保新制度顺利实施，企业应进行必要的培训和宣导活动。通过培训，员工能够了解新制度的核心内容和操作流程，理解其重要性和实施细则。这不仅有助于提高制度的执行力，还能增强员工的合规意识和责任感。在正式执行后，企业应建立持续的监控和反馈机制，及时发现并解决实施过程中出现的问题，确保财务管理制度的有效性和持续改进。

第三节　大数据时代财务成本管理创新策略与实践路径

一、大数据时代财务成本管理的核心理念

在大数据时代，财务成本管理正经历着深刻的变革，其核心理念逐渐从传统的静态分析转向动态、实时、智能化的管理。下面从数据驱动的成本管理新模式、精细化与实时化的成本控制理念，以及风险预警与决策支持的技术融合等方面展开详细论述。

（一）数据驱动的成本管理新模式

数据驱动的成本管理新模式是大数据时代财务成本管理的核心理念之一，它利用大数据技术对成本数据进行全面收集、整理、分析，实现了对成本的全方位管理。

在数据驱动的模式下，企业可以对大量历史数据进行分析，识别出成本变化的趋势和驱动因素，进而制定更加科学的成本管理策略。例如，对生产过程中的数据进行分析，可以发现生产环节中的成本浪费点，并进行相应的改进。数据驱动的成本管理强调以数据为基础进行精准化的成本控制，改变了过去"事后控制"的滞后性，实现了"事中控制"甚至"事前预警"。

（二）精细化与实时化的成本控制理念

精细化与实时化的成本控制是大数据时代财务成本管理的另一大核心

理念。精细化体现在对成本的深入分析和细致管理上，通过数据分析工具，企业可以将总成本分解到各个环节，从原材料采购、生产制造到销售物流，进行全面、细致的成本监控。通过精细化管理，企业能够发现隐藏的成本浪费点，进行有针对性的改进，从而降低总体运营成本。实时化的成本控制则是利用物联网、传感器等技术，实现对成本的动态监测。例如，生产设备的运行数据、库存水平、销售动态等可以实时上传至财务管理系统，通过对这些数据的实时分析，企业可以及时发现成本异常，快速作出响应决策。实时化的成本控制不仅提高了成本管理的效率，还能够帮助企业在复杂多变的市场环境中保持成本优势，增强竞争力。

（三）风险预警与决策支持的技术融合

财务成本管理不仅需要关注当前的成本状况，还需要注重未来的风险预警和决策支持。通过大数据分析技术，企业可以建立成本预测模型，对未来可能出现的成本变化进行预测，并提前采取应对措施。例如，通过分析历史数据和市场趋势，企业可以预测原材料价格的波动，提前进行采购计划调整，避免因原材料价格上涨带来的成本压力。[①]

风险预警系统依托大数据和人工智能技术，可以实时监测企业各项成本数据的异常波动，并及时向管理者发出警报，提示可能存在的风险。这种预警机制可以有效防范各种成本风险的发生，减少损失。决策支持系统则结合大数据分析和机器学习算法，能够根据实时数据提出优化建议，帮助企业作出更科学的成本控制决策。通过风险预警与决策支持技术的融合，财务成本控制不仅变得更加精准和高效，还提高了对不确定性环境的应对能力。这种技术融合使得成本管理不再只是对过去的反映，而是对未来的主动预判与控制，为企业财务管理提供了坚实的技术保障。

---

① 玄令敏.大数据驱动的财务分析在企业决策中的应用研究[J].商场现代化,2024(8):156-158.

二、大数据时代财务成本管理创新策略

在大数据和智能化技术迅猛发展的背景下，财务成本管理的创新策略已成为企业提高管理效率、优化资源配置和实现高质量发展的重要手段。财务成本管理不再局限于传统的账目核算和静态分析，而是通过数据驱动、智能化转型和风险防控等多元化的创新策略，为企业的财务管理注入了新的活力。

（一）建立数据驱动的管理体系

数据驱动的管理体系是财务成本管理创新的核心支柱，在大数据时代，通过建立数据驱动的管理体系，企业可以实时收集和分析各类财务数据，动态监控成本变化，精准识别成本驱动因素。数据治理是这一体系的重要组成部分，包括数据的采集、清洗、存储和应用，通过完善的数据治理机制，企业能够确保数据的完整性、准确性和一致性，为成本控制提供可靠的数据基础。此外，构建数据共享与协同机制，有助于打破部门间的"信息孤岛"，实现各业务部门与财务部门的高效联动，提高成本控制的整体效能。总之，数据驱动不仅能提高财务决策的科学性，还能为企业的整体战略决策提供有力支持。

（二）推动财务管理数字化转型

财务管理的数字化转型是财务成本控制创新的重要方向之一，数字化转型不仅仅是对现有财务流程的优化，还是对管理模式的全面重构。通过引入数字化工具和平台，企业可以实现从数据采集到分析、从预算编制到绩效评价的全流程自动化和智能化。例如，通过引入企业资源计划、机器人流程自动化等数字化工具，企业可以实现自动化处理，大幅降低人工成本，提高准确性。数字化转型还强调平台的集成应用，ERP 系统、商业智能工具和财务分析平台的无缝对接，使得管理者实时掌握成本变化趋势，及时作出调整决策。这种转型不仅提高了财务工作的效率和精准度，还为财务管理的智能化发展奠定了基础。

（三）构建智能化成本控制系统

智能化成本控制系统利用人工智能、物联网和大数据分析等技术，实现对企业成本的全面监控和动态管理。通过物联网设备的实时数据采集，企业可以对生产、物流、采购等环节的成本进行动态监控，及时发现异常并采取措施。例如，在生产环节，通过对设备运行数据的实时分析，企业可以提前识别潜在的设备故障，优化维护策略，减少因停机带来的生产损失。智能合约作为区块链技术的创新应用，可以实现自动化的成本结算和合同执行，确保交易的透明和合规。这种智能化的成本控制不仅提升了管理效率，还显著降低了人为干预的风险，为企业的财务管理注入了强大的科技动力。

（四）加强数据安全与风险防控

在推动财务管理创新的同时，数据安全和风险防控是不可忽视的关键环节。随着数据量的急剧增长和数字化工具的广泛应用，企业面临的数据泄露和网络攻击风险也在增加。为了保障财务数据的安全性和完整性，企业必须建立健全的数据安全管理体系，制定严格的数据访问权限控制和加密保护措施。数据隐私保护和合规管理是风险防控的重要组成部分，企业需要遵循相关的数据保护法规，确保在数据采集、存储和使用过程中，始终符合法律和行业标准。此外，企业应建立完善的数据应急响应机制，当遭遇数据泄露或网络攻击时，能够迅速采取应对措施，降低风险影响。通过不断加强数据安全建设，企业可以在保障财务数据安全的前提下，实现财务成本管理的持续创新和优化。

三、大数据时代财务成本管理创新的实践路径

财务成本管理创新策略的实施，需要配合有效的实践路径，才能将创新理念转化为实际管理成效。财务成本管理创新有以下四个主要实践路径。

（一）实施数据分析驱动的决策支持系统

数据分析驱动的决策支持系统是财务成本管理创新的核心工具，通过建立数据分析平台，企业可以对各类财务和运营数据进行深度分析，挖掘隐藏的成本优化机会。大数据技术可以帮助企业识别成本驱动因素，预测未来成本趋势，并为管理者提供科学的决策依据。例如，某企业通过数据分析系统整合运营、采购和人力资源等多方面数据，及时发现了影响成本波动的关键因素，并采取相应措施进行调整，实现了成本节约。

（二）构建财务共享服务中心

财务共享服务中心通过集中化、标准化的管理方式，将企业分散的财务活动统一到一个共享平台进行处理，从而提高工作效率，降低人工和运营成本。共享服务中心不仅能整合各部门的财务工作，形成标准化流程，还能够通过智能化工具，实现数据的自动处理与分析。例如，通过构建财务共享中心，企业可以实现费用报销、采购审批和资金结算的集中管理，有效减少了冗余操作，提高了整体运营效率。在实践中，构建财务共享服务中心需要解决流程再造和系统兼容性等问题，从而使共享中心高效运行，为财务管理创新提供坚实的基础。

（三）引入人工智能与区块链技术

人工智能和区块链技术为财务成本管理带来了前所未有的创新动力。人工智能可以在数据分析、预测建模和异常检测中发挥重要作用，通过自动化分析提高成本管理的精准度。例如，人工智能技术可以帮助企业预测未来的支出情况，优化预算编制和执行效率。区块链技术通过去中心化的分布式账本，实现了财务数据的透明化管理和不可篡改性，可有效防止数据造假和合同违约。[①]智能合约的应用还可以实现自动化成本结算，减少

---

① 刘佳慧，陈来. 数字化转型引领高校财务高质量发展的逻辑与路径：基于新质生产力视角[J]. 教育财会研究，2024，35（2）：90-95.

人工干预和操作风险。这些技术的引入，使得财务管理从被动分析转向主动控制，增强了企业在财务成本控制中的应对能力。

（四）优化成本绩效评价与反馈机制

成本绩效评价是财务成本管理中的重要环节，通过对成本控制效果的评价，企业可以识别管理中的薄弱环节，持续改进控制措施。大数据分析工具可以对关键绩效指标（KPI）进行实时监控和评估，帮助管理者快速了解各项成本的执行情况。例如，某企业利用大数据平台，将各部门的成本控制情况通过可视化图表进行展示，实时评估绩效并提供改进建议。优化反馈机制是提高管理成效的关键，通过多层次的反馈和沟通，企业可以不断调整和完善成本控制策略，实现成本管理的动态优化和长效机制。

第六章 大数据时代成本管理的创新 与实践案例

第一节 大数据时代物流成本管理改进案例

一、大数据时代物流成本管理简述

要想知道一个企业的经营状况如何，往往会对这个企业的利润进行评价。根据会计恒等式，利润等于收入减去成本，因此，若想提高企业经营效益，最佳途径是提高收入并有效控制成本。对于管理者和研究人员而言，优化成本管理是改善企业经营状况的重要目标和核心任务。将成本管理与大数据等先进技术结合，能够显著提高成本管理水平，优化业务流程，并不断提高决策效率，不仅有助于实现降本增效的目标，还推动了理论与实践的深度融合。[①]

在物流行业，有效的物流成本管理是提高利润的重要突破点。然而，成本管理是一个复杂的过程，涵盖了前期的成本预测和计划、中期的成本控制以及最终的成本核算。当前，激烈的市场竞争和利润空间的缩小使得人们对成本管理的要求不断提高，物流管理者不仅需要及时获取内外部的相关数据，还需要深入分析和总结现有成本管理中的问题，逐一制订解决

---

① 陈臻. 大数据背景下物流企业物流成本管理改进研究：以 A 快递公司为例[D]. 重庆：重庆理工大学，2021.

方案。在大数据背景下，运用大数据相关技术可以显著增强成本管理的效果。大数据技术不仅能帮助物流行业更全面地了解自身的成本状况，还能优化成本控制过程，提高企业整体效益。因此，为了紧跟技术发展的步伐，抓住创新机遇，解决当前成本管理中存在的问题，实现持续发展的目标，越来越多的物流管理者开始学习和应用大数据技术。这一转变不仅有助于解决管理上的瓶颈，还推动了管理模式的现代化和智能化。大数据技术的应用也带来了广泛的实践意义：在实际使用过程中，管理人员可以反馈技术应用中的不足，帮助技术开发人员不断改进和优化大数据工具。这种双向互动促进了技术本身的进步，使大数据技术更贴合实际应用需求，为物流成本管理提供更加精准和高效的支持。这一过程推动了行业内部的创新发展，在更广泛的层面上加速了技术的迭代和完善，为整个物流领域的成本管理带来了新的思路和方法。

在当今大数据发展态势迅猛的环境之下，物流企业引入相关先进技术，开始逐步探讨大数据背景下的物流成本管理改进方案。[①]本节以 A 快递公司物流成本管理为例，阐述大数据技术在物流成本管理中的应用。

二、A 快递公司概况

（一）A 快递公司组织结构

A 快递公司是第三方物流企业，本身不涉及生产销售，只承接个人顾客或者企业客户的运输业务，所以组织架构较为简单，方便管理。A 快递公司设置了四个部门，分别是负责货物收取与出库的收发部门、负责运输配送的运输部门、负责中转的分拣中心、负责财务及行政工作的办公室，统一由总经理领导，其组织结构如图 6-1 所示。

---

① 陈臻. 大数据背景下物流企业物流成本管理改进研究：以 A 快递公司为例 [D]. 重庆：重庆理工大学，2021.

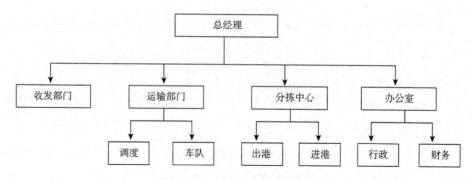

图 6-1　A快递公司组织结构

（二）A快递公司业务流程

作为第三方物流服务提供者，A快递公司的业务流程较为简单，不涉及制造企业常见的原材料采购、产品生产或市场营销等复杂环节。首先，由当地营业网点的负责人决定是否接受运输任务。针对个人客户的单件运输业务的流程相对简单，只需记录物品信息并立即承接，而对于有大型运输需求的组织客户，则需进行详细评估，承接后还需向总部报备。业务接洽后，物品会被运送至当地的中转中心进行分拣和建包操作，完成分拣后再安排后续的运输。物品到达目的地后，系统会通知个人客户到营业网点取件，而针对组织客户，则会提供送货上门服务，将货物送至指定地点。A快递公司业务流程，如图6-2所示。

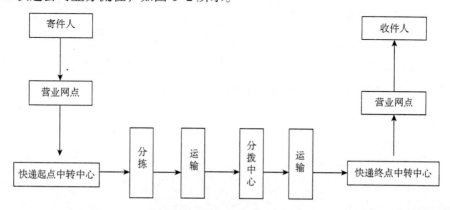

图 6-2　A快递公司业务流程

（三）成本核算状况分析

作为新兴的第三方物流服务提供商，A快递公司的主要收入来源于承接客户的订单业务，并向他们收取服务费用。在承接大宗订单时，财务人员会结合物流成本和设定的利润率进行报价，但由于A快递公司处于发展阶段，面对的多是新客户和首次运输的临时订单，物流成本不确定性较高，因此预算经常出现偏差。此外，由于所有业务均为自营运输，无法像行业领先者那样通过外包来分摊成本，盈利状况的波动性较大。所以，A快递公司在物流成本核算中通常采用传统的成本核算方法，以单个订单为单位，将物流成本分为直接费用和间接费用进行计算，以确保对成本有更精细的控制和分析。

传统的成本核算法基于统计原理，通常在期末时使用全年累计的核算数据，筛选出与物流相关的成本进行分配。直接费用在核算时直接计入物流成本，而间接费用则根据预先设定的标准进行配比分摊。该方法通过系统性的归集和分配，使得物流成本核算更具条理性和可操作性[①]，便于分析成本构成和管理。

三、大数据背景下A快递公司物流成本管理改进策略

针对A快递公司当前在物流成本管理中遇到的问题，结合其财力和资源状况，笔者基于大数据技术提出了一系列优化方案。首先，利用数据抽取、转换和加载（ETL）工具强大的数据处理能力，应用作业成本法来完善现有的成本核算体系，以提高合同定价的精准度。其次，通过设计运输成本考核指标，并运用聚类蚁群算法对省内网点进行布局，优化收发业务的规划，减少不必要的运输折返，提升运输配送效率，对运输成本进行有效管控。这些措施旨在充分利用大数据技术来优化成本管理，增强竞争力。A快递公司改进策略流程，如图6-3所示。

---

① 陈臻.大数据背景下物流企业物流成本管理改进研究：以A快递公司为例[D].重庆：重庆理工大学，2021.

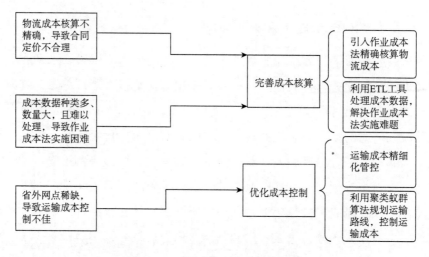

图 6-3　A 快递公司改进策略流程

（一）完善成本核算

1. 引入作业成本法精确核算物流成本

自作业成本法问世以来，围绕其优缺点的讨论一直存在。支持者认为，作业成本法在计算成本，尤其计算间接成本方面具有显著优势；反对者则认为其实施过程烦琐耗时，对于间接成本占比不大的大多数企业，强行推行作业成本法并无必要。尽管这两种观点各有道理，但对于 A 快递公司这种第三方物流服务提供者而言，作业成本法更契合行业特性，能够在传统成本管理的基础上，精准反映成本消耗情况。

A 快递公司时常承接一些分散型和特殊运输任务，如有些货物需要避免光热，需要防晒防热的包装，有时甚至需要夜间运输；某些货物防潮要求高，遇水会燃烧，需要使用特殊包装和干燥剂来保证安全。这些定制化运输服务导致包装费、设备折旧等间接成本显著上升。随着经济发展，定制化需求只会增加，而拒绝这些业务并非良策，必须在成本核算中作出调整，合理定价。

传统成本法无法精确计算大量间接成本，因为其采用单一分配标准，容易造成成本分配不准确。作业成本法则根据多种作业动因和成本动因进行分配，更加精确，能够提供真实可靠的成本信息。同时，传统方法在成本分配阶段常导致数据失真，而作业成本法能显著改善这方面的问题，通过精确核算个性化运输的间接和直接成本，为合理定价提供依据。

作业成本法对整体物流成本管理具有重要意义，特别是在数据支持方面。通过作业成本法核算物流成本，管理人员能够更清晰地了解各个环节的成本消耗情况，加深对物流活动的认识，为科学地制定服务策略和战略决策提供依据。作业成本法替代传统方法的两大优势如下：一是获取真实成本信息后，可以为定制化合同合理定价，提高客户满意度和忠诚度；二是揭示物流环节中的成本分布，为未来合理定价提供数据支撑。

2. 利用 ETL 工具处理成本数据，解决作业成本法实施难题

为了实现更合理的合同定价和满足严格的成本管理需求，A 快递公司如果决定用作业成本法取代传统成本法，首先面临的挑战是如何处理激增的成本数据。随着业务规模的扩大，物流数据从原来每天几百条暴增至如今的成千上万条，数据量迅速膨胀，再加上信息化建设过程中各类非结构化数据的涌入，数据管理的复杂性不断增加，管理人员面对海量数据时往往无从下手。[1]

此时，ETL 工具可以从 A 快递公司数据库及其他来源大量采集与物流成本相关的数据，无论是结构化数据还是视频、图片等非结构化数据，均可有效捕捉。ETL 工具能够对这些复杂且多样的数据进行清洗和整理，统一格式，并按照管理人员在实施作业成本法时的具体需求提取关键数据，最终将整理好的数据导入指定平台。

ETL 工具的功能和运作流程契合财务人员和管理人员对大量数据的采集、清洗和处理需求，ETL 工具的应用，为后续作业成本法在物流成本核算中的实施提供精准的数据支持，也为更科学的管理决策奠定了坚实的数据基础。

---

[1] 陈臻. 大数据背景下物流企业物流成本管理改进研究：以 A 快递公司为例 [D]. 重庆：重庆理工大学，2021.

（二）优化成本控制

1. 运输成本精细化管控

从 A 快递公司的以往财务数据可以看出，运输成本占据了物流成本的最大比重，因此有效控制运输成本是物流成本管理的核心，而在运输配送中，变动成本的管控是重中之重。通常情况下，运输成本被分为固定成本和变动成本：固定成本数额稳定，因此易于计算分析；变动成本因随时波动而难以精准分摊和控制。因此，笔者建议为运输配送过程中占据较大比重的变动成本设计具体的管控和考核指标，以此提升对运输成本的科学管理水平，从而优化整体成本控制。

首先，在物流运输成本的管控中，人工薪酬是重要的变动成本之一，员工的工资需考虑常驻工作地点的差异，一线城市员工与小县城员工的薪酬标准不可一概而论。其次，运输过程中的燃油费用与运输路线的距离紧密相关。每次运输前，A 快递公司都会综合考虑各种因素，制定最佳运输路线，运输人员需严格按照该路线执行配送任务，因此，燃油费用可依据预设的最佳路线制定标准。同理，过路费也较为稳定，可按常用路线的费用设定标准。例如，某自有卡车在南京到苏州的常用路线上，每月每公里的油费和备件辅料费用为 2500 元，这一数据可用于未来同路线业务的费用标准制定。此外，备件和辅助运输成本可参考历史数据来设定。至于车辆轮胎的费用，由于车辆自重、轮胎类型等差异，轮胎磨损速度不同，可以结合轮胎质量和实际行驶公里数进行费用核算。例如，一辆卡车在行驶 50000 千米后更换轮胎，而新轮胎的预期寿命为 200000 千米，可由此推算出实际损耗情况。

在运输成本中，运输人员的薪酬占了相当大的比例，因此，对运输人员的工资构成需要精细化考核。运输人员的工作主要集中在驾驶，工作量的核心考核指标是月行驶里程。为此，驾驶员若月行驶里程低于 1000 千米，则不发放基本工资，仅享有绩效工资。绩效工资由两部分组成：一是行驶里程的提成；二是搬运和装卸提成（按货物吨位计算）。为增强驾驶人员的成本控制意识，可对油耗、配件消耗、轮胎磨损等低于预定标准的人员设立奖励，以鼓励更为经济的驾驶行为，优化整体成本管理。

2. 利用聚类蚁群算法规划运输路线，控制运输成本

聚类蚁群算法是一种结合聚类分析与蚁群优化的智能算法，可用于选址规划和运输路线优化，能够有效控制运输成本。在物流配送中，选址和路线优化对运输成本控制至关重要。首先，通过聚类分析，将配送点进行合理分组，确保同一分组内的配送点地理位置相近，从而减少车辆的运行路径长度。其次，根据聚类结果，模拟蚂蚁寻找食物的过程，寻找最优的配送路线。

蚁群算法具有全局搜索与局部优化的特性，通过迭代计算和信息素的更新，不断优化运输路径，减少不必要的绕行和重复路径，从而降低运输时间和油耗成本。同时，该算法能够动态调整路径规划，根据实时的交通状况、配送需求和车辆状态进行灵活调整，确保配送的高效性和经济性。通过将聚类分析与蚁群算法相结合，选址和路线规划能够更加科学合理，不仅能大幅降低运输成本，还能提高物流效率，提高物流企业整体的服务质量，为物流管理提供智能化的支持。

第二节　大数据时代电商价值链成本管理案例

一、大数据时代电商价值链成本管理

（一）价值链理论

1. 价值链理论的概念

价值链理论由迈克尔·波特（Michael Porter）提出，是用于分析企业如何通过各项活动创造价值的管理工具。它将企业活动划分为基本活动和

支持活动，通过优化这些活动的协同作用，提高企业整体效率和竞争力。基本活动包括生产、物流、销售和服务等直接为客户创造价值的环节，而支持活动如采购、技术开发、人力资源等则为基本活动提供必要支持。价值链理论可以帮助企业识别增值环节和降低成本的机会，从而获得竞争优势。

2. 价值链分析法

波特的价值链理论将生产经营活动分解为多个单独的环节，通过这些环节的组合形成完整的价值链。在各环节的运行过程中，商品会经历资源消耗和价值增值，识别和优化这些环节可以有效降低成本，提高投入产出效率，进而提升整体竞争力。然而，随着社会的发展和商业环境的复杂化，波特价值链理论的局限性逐渐显现，因其往往以单一环节为核心，难以适应多元化需求。为弥补这一不足，传统价值链理论与战略成本管理结合，发展出了价值链分析法，为更深入优化成本和提高竞争力提供了新思路。价值链分析法的基本框架如图 6-4 所示。

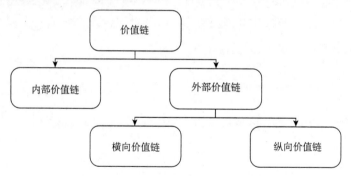

图 6-4　价值链分析法的基本框架

（1）内部价值链。内部价值链是开展价值链分析的起点，随着商品在价值链上各个节点间的转移，价值的转移与积累逐步完成。每个节点的活动都会消耗成本以创造相应的价值，而各节点间的关联非常紧密。深入分析这些关联关系，可以优化和协调各作业环节，从而提高效率、降低成本。内部价值链的优化不仅可以提高整体运作效率，还为后续横向价值链和纵向价值链的整合与延伸奠定了坚实基础，有助于整体成本管理与价值提升。

（2）外部价值链。外部价值链指的是在经营过程中，通过与外部环境的交流与信息交换所形成的价值链，如图6-5所示。为深入研究外部价值链，学界将其细分为横向和纵向两种类型。在电子商务领域，横向价值链又称为竞争对手价值链，包含同业竞争者及具有较强替代性的潜在进入者。纵向价值链又称为行业价值链，由上游供应商、平台本身、下游销售商以及最终客户共同构成。这种划分可以帮助企业更清晰地分析市场竞争结构及上下游环节的协作关系，从而优化整体价值链管理。

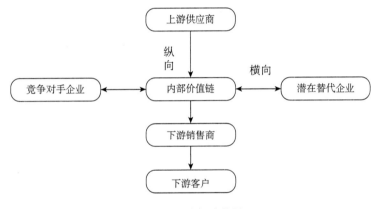

图6-5 外部价值链

①横向价值链是分析竞争对手成本结构的关键工具，有助于确定自身的战略方向。通过评估自身各环节的成本，管理者可以根据竞争对手的成本情况制定相应的竞争策略。如果竞争对手的成本较高但实力较强，可以选择低成本战略，强化价格竞争力；如果竞争对手的成本较低，则可以采取产品差异化策略，专注于提高产品质量和独特性，以吸引对品质有更高要求的客户，避免价格竞争，进而保持和增强竞争优势。

②纵向价值链是指商品在生产过程中所需的各种物料在多个主体间流转，将行业内各主体作为一个整体进行分析。上下游的不同功能单位，如供应商、经销商和消费者，构成了一个紧密的利益共同体。各节点作为独

立的价值创造单元，通过协同合作来共同降低成本，提高整个价值链的运作效率。这种协作不仅对成本控制产生深远影响，还能够增强在同一价值链上各功能单位的竞争优势，实现资源的最优配置和整体效益的提高。纵向价值链基本模型如图 6-6 所示。

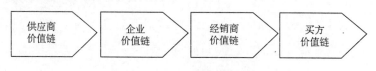

图 6-6　纵向价值链基本模型

（二）价值链成本管理理论

价值链成本管理理论是企业常用的分析方法，用于界定价值的流转过程、增值环节以及其他相关的经济活动，可为企业制定更加契合完善的发展战略。在这个过程中，通过增加产生价值增值的活动，减少或去除非增值活动，压缩企业成本，优化价值链成本的控制。

1. 价值链成本管理理论的内容

随着全球化和信息化的发展趋势加快，政府部门和行业专家逐渐意识到，提高全球竞争力的关键在于加强成本管理，以实现降本增效的目的。传统的成本管理过于依赖财务报表数据，缺乏对全局成本的关注，而价值链成本管理引入了集成式管理的新模式，对资源消耗的全面管理成为核心。

价值链成本管理理论的核心在于提升整体竞争力，注重流通环节中的成本控制，涵盖内外部价值链、动态和隐性成本管理，从而实现对成本的全面掌控。通过在价值链各环节上合理分摊成本，企业可以找到降低成本的精确切入点，并促进各环节的协同优化。价值链优化不仅有助于降低企业整体成本，还能提升企业决策的准确性，能够帮助企业在持续的竞争中取得更有利的优势。价值链成本管理构成如图 6-7 所示。

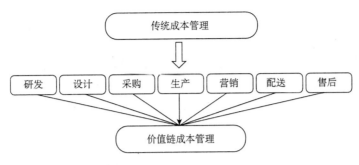

图 6-7　价值链成本管理构成

2. 价值链成本管理理论的特点

（1）全局视角与系统化管理。价值链成本管理突破了传统成本管理只关注生产阶段的局限性，将视野扩展至整个价值链，包括研发、采购、生产、营销、配送和售后服务等环节，形成了系统化的成本控制方法。通过对各环节资源的全面管理，企业能够更精准地识别成本控制的关键点，实现全链条的协同优化。

（2）动态性与前瞻性。价值链成本管理理论强调对成本的动态监控和持续优化，能够及时应对市场变化和内外部环境的影响。价值链成本管理不仅关注显性成本，还重视隐性成本，如潜在的运营风险、质量成本和效率损失等，能通过前瞻性的管理手段，帮助企业提前识别并降低这些隐藏的成本因素。

（3）强调内部与外部的协同。价值链成本管理不仅注重内部各部门之间的协作，还强调与外部供应商、合作伙伴的紧密配合。通过与供应链上下游的协同，优化资源配置和流程衔接，企业可以有效降低整体成本，提高整个价值链的运作效率，从而提高整体竞争优势。

3. 价值链成本管理理论的应用

价值链成本管理理论在实践中有着广泛的应用，能够优化资源配置和提高整体竞争力。在生产和运营管理中，运用价值链成本管理理论分析各环节的资源投入和产出，识别出高成本、高消耗的环节，并制定具有针对性的改进措施。例如，通过优化采购策略、改进生产流程、提升设备利用率等手段，有效降低生产和运营过程中的各类成本。供应链管理是价值链成本管理的另一重要应用领域，通过与供应商、分销商和物流服务商的紧密协作，实现上下游信息共享和流程衔接，从而减少库存、缩短交货周期，降低物流和存储成本。

在营销和客户服务方面，价值链成本管理可以帮助企业优化市场推广策略和售后服务流程，减少不必要的营销开支和售后成本，提高客户满意度。通过数据分析，企业可以精准识别客户需求，优化产品定价和市场投放，从而实现收益最大化。

二、大数据时代电商价值链成本管理案例

S 电商作为新型智慧零售的引领者，充分利用互联网技术，通过跨平台运营，构建了独特的多渠道、多业态的全场景零售模式，业务覆盖传统电器、3C 家电及日用百货等多个领域。凭借自身优势和多年积累的品牌信任度与忠诚度，S 电商顺利进军新型零售市场，在激烈的市场竞争中逐渐崭露头角。S 电商不仅在产品多样性和服务创新上领先，还注重通过线上线下融合的全渠道运营模式，为消费者提供更加便捷的购物体验。其多样化的销售网络和多维度的服务体系，成功吸引了大量忠实用户，并不断扩大市场份额。同时，S 电商通过不断提升供应链效率和智能物流能力，进一步增强了其在新型智慧零售领域的影响力和竞争力。

然而，尽管在新型零售市场中取得了不俗的成绩，S 电商在价值链成本管理中却面临诸多挑战。近年来，尽管 S 电商在成本管理中广泛应用大数据技术，希望借助数据驱动实现精准化管理和成本优化，但实际效果却未能完全达到预期。基于对市场动态的敏锐把握和对消费者需求的深刻洞察，S 电商通过大数据分析对商品定价、库存控制、营销推广等关键环节进行优化，力图在提高运营效率的同时降低运营成本。

选取 S 电商作为本节案例分析的主要原因有两个方面。首先，作为行业内的代表性公司之一，S 电商的管理经验具有一定的借鉴意义。尽管 S 电商在多个环节积极探索大数据技术的应用，但近年来盈利能力的下降引发了企业管理层的广泛关注。对其案例进行分析，可以揭示大数据技术在零售价值链中的实际应用效果，有助于深入探讨其中的不足和改进空间。其次，S 电商虽然在技术方面不断创新并将大数据技术深度融入采购、仓储、物流、销售等环节，但实际执行过程中仍暴露出诸如数据整合不足、决策滞后以及成本核算不精细等问题，导致整体成本管理未能取得显著成效。

S 电商的案例能够为深入探讨新型零售企业如何有效实施成本管理提供宝贵的实证基础，有助于进一步优化价值链中的成本控制策略，提高企业的市场竞争力。

（一）大数据在节约物流环节成本中的应用

S 电商在拓展门店和物流基地建设方面取得了显著进展，展现了其在新型零售业布局中的强大实力。近年来，S 电商积极扩展线下门店数量，同时大力推进物流基地的建设，持续完善全国性的物流网络。在各大城市新建和扩建的物流基地，使得物流布局覆盖面更广。S 电商通过不断加大在物流基础设施方面的投入，提升了供应链效率和配送能力，为消费者提供了更为快捷、高效的服务。S 电商在物流方面的大规模投资，不仅支撑其快速扩张，还为未来进一步提升市场竞争力打下了坚实基础。S 电商企业物流环节成本如图 6-8 所示。

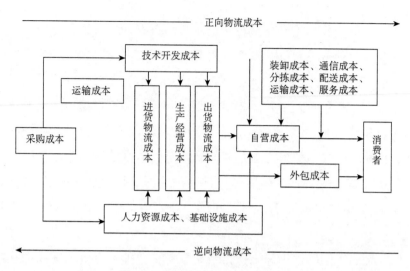

图6-8 S电商企业物流环节成本

S电商对物流的重视体现在其巨大的资金投入中，通过结合成熟的大数据技术，其打造了信息化物流系统，显著提升了物流运营效率。随着"物流云"的成功应用以及收购快递公司资源整合，S电商进一步提升了配送能力，并推出了"秒送达"服务，显著改善了消费者的物流体验感。

S电商在物流环节积极运用大数据技术，通过优化配送路线和方式，有效节约了物流成本。S电商通过集中配送模式，将各类零售商品集中在配送中心进行管理。例如，平台出现消费订单后，系统借助大数据技术进行智能分析，自动规划出最优的配送方案和路线，确保商品能够安全、准时到达消费者手中。大数据的深度应用，帮助S电商实现了资源的高效整合与利用，有效降低了物流和人工成本，显著提高了整体供应链的运作效率，增强了市场竞争力。

（二）大数据在节约仓储环节成本中的应用

S电商依托大数据技术，深入挖掘消费者的购物车信息、浏览轨迹、页面停留时长等行为数据，精准预测用户的购买意图，并根据这些数据分析，将商品提前备货至临近仓库，实现库存的合理配置，提升了仓库利用率并减少了库存成本。通过建立消费者需求预测模型，S电商可以精准把握未来的消费趋势，制定个性化的营销策略，同时能够及时预测季度热销商品，提前增加库存，避免缺货调货的额外费用，进一步降低管理成本。

在仓储管理方面，S电商不仅加快建设仓储中心，还引入了先进的智能化仓储控制系统。例如，通过智能仓库设备控制系统（WCS）优化仓储流程，解决了传统管理中的库存规划混乱问题，入库、盘点、出库等环节实现自动化，提高了库存管理的准确性，大幅减少了对人工的依赖，降低了人工成本。同时，货物在入库时通过射频识别技术（RFID）完成图像和条码的识别，系统根据货物的尺寸自动规划存储位置和上架路径。RFID 的应用使得商品监控智能化，且数据不可篡改，确保了盘点结果的可靠性。

（三）大数据在节约销售环节成本中的应用

1. 预测销量，降低市场调研成本

相比传统零售模式，S电商在销售过程中展现出卓越的数据收集与分析能力，能够快速获取并深入分析消费者的各类信息，如用户基本资料、浏览习惯、购买记录、消费行为和消费能力等。借助大数据技术，S电商能精准预测消费者的购物偏好，特别是在大型促销活动期间，能预测销售趋势并制订补货计划。

2. 预测消费趋势，降低营销成本

S电商采用线上线下相结合的双渠道销售模式，能够同时获取线上网店和线下实体店的消费者数据，形成全面的信息优势。S电商通过大数据技术对顾客的购物记录进行深入分析，可以精准把握市场的主流趋势，并根据不同用户的消费能力和偏好，精准推送个性化的广告和推荐内容。这种差异化营销策略不仅有效提升了销售转化率，还大幅降低了广告投放和营销成本，使S电商在竞争激烈的市场中脱颖而出。

（四）大数据在节约采购环节成本中的应用

在S电商的采购环节中，大数据技术的应用发挥了至关重要的作用。

大数据技术帮助 S 电商及时了解各类商品的热销趋势和季节性变化，从而提前备货，避免缺货或滞销问题。大数据技术的应用使得 S 电商能够实时监控供应商的履约情况、商品质量、价格波动等关键因素，从而选择最佳的采购时机和供应商。通过大数据的智能分析，S 电商在采购环节实现了精准预测与高效管理，降低了运营成本，同时提高了供应链的整体反应速度和灵活性，为企业的持续竞争力奠定了基础。

第三节 大数据时代供应链成本管理优化案例

一、大数据对供应链成本管理的作用机制

大数据对企业供应链各环节的业务流程进行实时监督管理，并通过对企业生产经营过程中产生的海量数据进行采集、清洗、存储、处理、分析，为企业管理者提供及时、有效的信息，为优化企业供应链成本管理提供技术支撑。

（一）大数据实现供应链信息共享

大数据技术在供应链信息共享中扮演着关键角色，有效提升了供应链各环节的协同效率。通过大数据平台，供应链上的各个利益相关者，如供应商、制造商、物流服务提供商和零售商等能够实时共享信息，包括库存状态、订单需求、运输跟踪和市场动态等。这种信息透明度大大减少了信息不对称问题，避免了传统供应链中因"数据孤岛"而导致的决策延迟和资源浪费问题。

大数据能够对各类共享数据进行智能分析，帮助各方快速识别潜在的风险和优化机会。例如，预测需求波动、优化库存管理、调整生产计划等，都可以在数据驱动的环境下更高效地实现。通过大数据驱动的信息共享，供应链中的各参与者可以实时调整策略，减少不必要的成本，提高整

体供应链的反应速度和服务水平，使供应链运作更敏捷、更高效。

（二）大数据细化供应链作业分配

大数据技术为供应链运作提供了全面、实时的信息，优化了各环节的操作流程。通过对海量数据的智能分析，企业可以识别出影响成本的关键因素，并采取更精准的成本控制策略，提升管理的精细度。大数据不仅使成本确认和测量更加准确，还优化了商品控制，减少了资源浪费和冗余流程，且数据的即时性和透明性提高了不同部门间的沟通与协作效率。大数据的应用为供应链管理提供了更复杂和更细致的视角，通过不断分析数据，企业能够动态调整资源配置和运营策略，有效降低整体成本并提升盈利能力。

（三）大数据消除供应链隐性成本

应用大数据技术能够有效应对隐性成本对经营管理带来的负面影响。大数据技术通过对供应链成本的预判、监控和深入分析，实现动态管理，有效识别并及时消除隐性成本。通过这一过程，大数据不仅优化了成本控制，还降低了潜在的经济损失，为更高效的运营提供了有力支持。

应用大数据技术能够清晰定义供应链各环节的操作流程和相关人员的职责，避免重复操作和冗余流程，实现对供应链成本的动态监督和精准控制。这种方式克服了传统事后核算方法中隐性成本发现不及时的问题，有效减少了潜在损失。通过大数据的细化分析，企业可以深入挖掘各环节成本的具体来源，揭示隐性成本，进而为未来的成本管理提供重要参考。应用大数据技术不仅能全面、准确地掌握供应链成本状况，还显著提高了整体运营效率，同时有效降低了管理和运营成本，为优化供应链管理奠定了坚实的基础。

（四）大数据提高供应链决策能力

大数据技术在提高供应链决策能力方面起着关键作用，为各环节的管理与优化提供了科学依据。通过对市场需求、库存水平、生产计划和物流状况等数据的实时分析与处理，管理者能够全面掌握供应链动态，迅速应对需求波动、供应中断或资源不足等情况，制定出最优的应对策略。

大数据不仅能帮助企业识别供应链中的潜在风险，还优化了资源配置，提升了供应链的灵活性和应变能力。通过深入的数据分析，企业可以预测市场需求变化，优化库存管理，减少货物积压和缺货的风险。在物流环节，大数据能够优化配送路线和运输方式，有效降低运输成本，提高配送效率，同时为供应商选择、采购优化和生产调度提供精准支持，使得决策更加科学和可靠。大数据通过对海量信息的处理和分析，助力供应链管理者做出数据驱动的决策，减少人为误差，提高整体效率和竞争力，为供应链的高效运作与成本控制提供了强大支撑。

二、大数据时代供应链成本管理优化案例

（一）G公司概况

G公司自成立以来迅速发展，已成为中国领先的连锁超市之一，以其卓越的商业战略和持续增长的业绩，奠定了在中国零售市场的地位。[①]G公司在将新鲜农产品引入现代商超市场方面打破了传统模式，成功拉近了农民与消费者之间的距离。通过提供新鲜、实惠的产品，G公司赢得了消费者的信赖。在农业领域，G公司通过与农民和农村合作社的合作，为农产品提供了稳定的市场，助力农业产业化发展，改善了农村地区的生活条件。

G公司不断扩大门店网络，优化农产品加工和分销体系，并加强信息系统和员工培训，以提升运营效率和服务质量。G公司凭借现代物流和运输管理系统，实现了快速配送和成本控制，使其能够以有竞争力的价格提供新鲜、高质量的产品。同时，G公司重视打造清洁卫生的购物环境，不

---

① 詹志昊. 大数据背景下传统零售企业供应链的成本管理研究：以G公司为例 [D]. 广州：广东财经大学，2023.

断提升门店安全标准，赢得了消费者的信任。通过供应链上下游的整合，
G公司有效降低了成本，提高了效率和利润率。其成功源于对新鲜食品的
专注、供应链优化、卓越客户服务及安全购物环境的承诺，因此G公司在
激烈的市场竞争中一直保持领先地位。

（二）G公司数字化建设

G公司通过应用数据算法，将采购和运营从传统的"经验治理"转型
为标准化、系统化和数字化管理，显著提升了运营效率和客户体验。具体
而言，G公司积极推动线下门店的数字化升级，在一些标杆门店已完成岗
位数字化改造。G公司的技术团队开发了在线管理系统，优化了门店考勤、
排班和用工数据的实时管理，提高了人力效率。借助终端工具，G公司实
现了自动化商品淘汰，加快了尾货清理，提升了库存周转率和毛利率，显
著提高了整体运营效率，实现了标准化和系统化的管理模式。

G公司数字化转型的重要成果之一是开发了全链路零售数字化系统，
为全渠道数字化转型奠定了坚实基础，支持业务和战略的灵活调整。该系
统集成了采购、销售、运营和财务管理功能，保障了业务的稳定运行，使
G公司能够更好地满足客户需求。该系统提高了线上故障响应效率，在高
峰期也能稳定运行，从而进一步巩固了G公司在中国零售市场的领先地
位。数字化转型还显著改善了客户体验。通过优化空间布局、商品上下架
和陈列设计，G公司提高了商品的可视化链接，使顾客更容易找到所需产
品，优化了顾客购物体验。同时，全面的云迁移为G公司节省了大量成
本，释放了更多资金用于创新和服务提升。G公司的数字化转型不仅提高
了运营效率和生产力，还通过不断创新和优化客户服务，确保其在我国连
锁超市行业中保持竞争优势。

（三）G公司智慧物流

G公司在物流业务方面取得了显著发展，这得益于其精心策划和执行
的物流战略。G公司在全国范围内建立了一个广泛的物流网络，涵盖多个

省市，物流中心根据温度需求设立，提供多样化的物流服务，包括常温和固定温度配送中心及产地仓库。这种布局使 G 公司能够根据不同产品和客户需求，灵活提供专业化的物流解决方案。同时，G 公司还提供端到端的供应链服务，如直接采购、工厂直送和定制包装，以提高整体供应链效率。

为了进一步增强物流能力，G 公司采取了加工物流、干线物流和城市配送模式，打造了从供应商到终端客户的无缝衔接系统，以快速响应市场变化。G 公司还积极推进自动化建设，如库博箱式仓储机器人系统，通过智能化技术提升了仓库的拣选和配送效率。此外，G 公司推动了采购限制计划（OTB）项目，利用大数据技术提高物流操作效率，提高了信息透明度、同步性和订单准备的可视化。

这些创新和改进措施不仅提高了物流系统的效率和效益，还提高了客户的满意度。通过不断扩大物流网络、推动自动化和数字化转型，G 公司在物流领域持续保持领先地位，并将物流系统的改进作为未来发展的重要方向。

三、G 公司供应链体系及其成本构成

（一）G 公司供应链体系

G 公司通过整合供应商、零售商和门店的信息，实现了商品的及时、准确、完好配送，有效降低了系统整体成本，同时保障了服务质量。这种现代化的供应链管理方式，不仅优化了信息流、物流和资金流的协调，还将供应商、零售商和终端客户整合为一个高效协作的整体，从而在竞争激烈的传统零售行业中脱颖而出，确立了行业领导地位。

G 公司的管理策略并不局限于信息的沟通，而是更注重供应链的全面整合，将整个流通环节视为一个协同工作的供应共同体。这种全面整合的供应链策略依托于标准化的流程，通过与各利益相关方的紧密合作，供应

链运作更加顺畅。G公司注重建立与各成员的协作关系，通过统一的标准化流程加强与供应商和零售商的合作，以确保整个系统的高效运行。它将市场需求和顾客的反馈作为供应链管理的核心驱动力，不断调整和优化其管理模式，确保在满足顾客需求的同时提高系统的响应速度和服务水平。这种以市场为导向、以顾客需求为核心的供应链整合方式，不仅降低了运营成本，还为G公司赢得了竞争优势。通过精细化管理和流程标准化，G公司能够快速响应市场变化，并持续改进其供应链流程，确保为顾客提供高质量的服务体验。正是这种全面的供应链整合策略，使得G公司在传统零售业中保持了强劲的竞争力，并持续引领行业的发展方向。

（二）G公司供应链成本构成

新零售模式代表了零售行业的一种全新变革，特点在于通过数字技术的应用，实现线上与线下渠道的深度融合。随着电子商务、移动互联网和大数据的迅速发展，零售商需要不断创新商业模式，以适应消费者日益变化的需求和偏好。新零售模式不仅对传统的供应链流程，如采购、制造、仓储和运输，提出了更高要求，还强调了信息技术、市场营销和客户服务的有机整合，推动整个零售生态系统的全面优化和提升。

1.采购成本

采购成本是零售业供应链成本的核心部分，涉及从外部供应商采购货物和服务以支持公司运营的整个过程。对于零售业来说，采购在确保及时以合理价格提供合适产品以满足客户需求方面具有关键作用。有效的采购管理能够显著提升零售业的盈利能力、竞争力及客户满意度。因此，深入了解与零售业采购相关的成本并制定有效的成本控制策略至关重要。零售业采购成本主要包括货物成本、供应商管理成本和采购流程成本。货物成本指的是企业为产品和服务支付给供应商的金额，这一成本直接受谈判价格、质量水平和采购量等多种因素的影响。作为主要的成本驱动因素，货物成本直接关系零售业的毛利率和盈利水平，因此必须进行精细化管理，以确保最佳的性价比。供应商管理成本涉及与供应商关系的管理开支，包括供应商的选择、评估、合同谈判、质量控制及供应商绩效的监测等。可靠的供应商管理能帮助零售商保持高效、低成本的供应链，通过改善供应商表现、优化谈判价格、减少供应链中断等方式来降低整体采购成本。采购流程成本是指采购流程中产生的费用，包括采购人员的薪资、采购系统的运营费用及相关的行政成本。由于零售商需处理大量涉及多供应商的交易，采购流程成本可能较为庞大。因此，零售商须优化采购流程，利用先进技术实现自动化和流程简化，以提高采购效率并控制成本。

2. 库存成本

库存成本是与维持库存相关的费用，在新零售模式下，由于供应链的复杂化、产品种类的激增及线上线下渠道的融合，库存管理变得更加困难。库存成本主要由订购成本、持有成本和缺货成本构成。订购成本是指下订单过程中产生的费用，包括处理订单、与供应商沟通及谈判的费用。新零售模式下，零售商往往与多个供应商合作，且需要频繁订货，以满足分散客户的需求。为降低订购成本，零售商可以采用电子数据交换和自动订单处理系统来简化流程，减少人工操作和文书工作。持有成本涉及与库存储存和管理相关的费用，如仓库租金、水电、劳动力和设备成本。新零售模式下，零售商需要在多个地点维持库存，包括仓库、门店和履行中心。为降低持有成本，零售商可以采用准时制库存管理模式，减少不必要的库存量，并通过射频识别和条码等先进技术提升库存的准确性和可视性。缺货成本是指因缺货而导致的损失，包括销售损失、客户满意度下降及客户流失。在新零售环境中，保持高服务水平和库存充足对于满足分散而苛刻的客户需求至关重要。为减少缺货成本，零售商可以使用需求预测和库存优化工具改善库存管理，确保供应链中的产品能够及时满足客户需求。加强与供应商的合作关系也有助于缩短交货时间，提高产品的及时性。通过这些策略，零售商能够有效控制库存成本，提升运营效率。

3. 营销成本

营销是新零售模式中的关键要素，要求零售商采用创新的营销策略，通过多渠道与顾客互动。营销成本主要包括广告成本、促销成本和客户获取成本。广告成本是指通过媒体渠道，如电视、广播、报纸和社交媒体等，推广产品和服务的费用。新零售模式下，零售商需更精准地抓取特定客户群，并运用大数据技术评估广告效果。为降低广告费用，零售商可以采用社交媒体和影响者营销等更具性价比的广告方式。促销成本涉及为促进销售而提供的折扣和奖励等支出。新零售模式下，零售商需根据顾客喜好和购买历史，提供个性化的动态促销策略。通过忠诚度计划和推荐营销等方式，零售商可以更精准地激励顾客，减少促销费用，并推动顾客的参与和复购。客户获取成本包括广告、促销、销售佣金和客户支持等费用。在竞争激烈且客户群分散的新零售环境中，获取新客户的挑战增大。为降低此项成本，零售商可以利用大数据和客户分析，识别高价值客户，并通过个性化激励措施和优化销售流程提升转化率，吸引新客户。

4. 运输成本

物流和配送是供应链的关键组成部分，需要仔细规划、执行和控制，以确保及时有效地将货物和服务交付给终端用户。新零售模式下，由于线上和线下渠道的整合、客户需求的分散及对更快交付时间的需求，物流和分销变得更加复杂。物流和配送的主要成本包括运输成本、仓储成本和订单履行成本。运输成本是指将货物从一个地方运到另一个地方的成本，包括运费、燃料费、过路费和税费。对于 G 公司这样在中国拥有庞大门店网络的零售商来说，运输成本是相当大的，尤其长途运输的成本更大。零售商可以优化运输路线，使用更有效的运输方式，并与物流供应商协商更好的价格，以降低运输成本。仓储成本指的是在仓库中储存和管理库存的成本，包括租金、水电、劳动力和设备成本。新零售模式下，零售商需要维持多个库存地点以支持线上和线下渠道，这会增加仓储成本。零售商可以优化库存水平，使用更有效的仓储技术，并采用新的库存管理方法，如滴灌和交叉装运。订单履行成本是指处理和交付客户订单的成本，包括分拣、包装和运输成本，以降低仓储成本。新零售模式下，由于需要更短的交付时间、多种交付方式和实时订单跟踪，订单履行可能更加复杂。零售商可以优化订单执行流程，使用更有效的分拣和包装技术，并采用新的交付方式，如使用无人机和自动驾驶车辆，以降低订单履行成本。

四、G 公司基于大数据的供应链成本管理

G 公司在供应链成本管理方面采取了多项举措，通过大数据技术和信息化手段实现了供应链的全面整合和优化。G 公司认识到供应链管理对未来发展至关重要，因此不断强化其数据技术支持，以提升物流配送效率，降低供应链各环节的成本。具体而言，G 公司对主要业务流程进行了统一规划，利用信息化技术实现了订单数据的实时共享，减少了库存量，加快了库存周转速度，从而降低了整体运营成本，同时提高了客户满意度。

通过信息化技术，G 公司实现了与供应商和合作伙伴之间的生产资料共享，能够及时获取市场信息，调整经营计划，有效控制成本。G 公司还利用大数据实时监测销售情况，并根据经济性、效率和成本原则选择合适的供应商，确保供应链的高效运作。同时，G 公司通过建立符合质量和规模的供应商网络，优化了供应链的采购流程，确保了供货的稳定性和及时性。

为了适应市场变化，G 公司逐渐将业务从单一超市模式扩展到超市、便利店和电子商务平台，推行多元化零售业态。通过大数据分析和线上线下（O2O）整合，G 公司不断提升客户体验，优化产品选择和库存管理，提高了对市场需求的响应速度。G 公司还实施了创新的营销策略，如"多买多省"等促销活动，提高了客户忠诚度。G 公司的营业成本和销售费用大幅上升，这与公司扩张、增加库存采购、雇用员工及投资新营销渠道等有关。同时，尽管近年来面临市场竞争和诸多挑战，但 G 公司的毛利率虽有波动却总体稳定，净利润也保持在较高水平。整体而言，G 公司通过供

应链成本管理的不断优化和创新，在零售行业建立了强大的竞争优势。

（一）信息流成本管理

G公司致力成为全球领先的零售商，通过主动采用先进软件技术和设备配置，构建高效的信息流管理体系。在信息流成本管理方面，G公司重视物流信息化建设，目标是打造高质量、高效率的信息管理和物流运作系统。G公司与相关信息技术伙伴密切合作，正在开发一个统一的信息管理平台，以推动订货、仓储和可视化管理系统的数字化转型。

G公司积极应用射频识别无线电频率技术、自动条码识别技术和语音拣选技术等先进技术，以实现供应链的自动化和透明化管理。射频识别无线电频率技术的使用让G公司能够自动识别和追踪产品在整个供应链中的流动，实时提供库存数据，实现高效补货。自动条码识别技术提高了库存管理的效率和准确性，使得订单执行更加流畅。语音拣选技术进一步优化了仓库操作，通过语音命令指导工人完成拣选任务，减少错误并提高效率。这些技术的整合使得G公司的商品配送和运输环节更加数字化、精确化，有效降低了信息流管理的成本。

此外，G公司通过大数据分析和人工智能技术来实时获取物流各个环节的信息，从而优化物流决策，提升运营效率。费用结算管理系统的建设同样是关键，它能帮助G公司精准跟踪和管理配送与运输成本，确保物流高效和低成本运营。通过这些信息化管理手段，G公司大幅提升了供应链效率和客户服务质量，离世界级零售商的目标又近了一步。

（二）资金流成本管理

G公司通过强化对付款流程的控制，提高了资金流成本管理能力。在竞争激烈的零售市场中，零售管理系统的高效运作对于提供优质服务至关重要。为此，G公司采用了新的零售管理模式，旨在优化管理系统和支付流程，集中改善付款流程，简化程序，提升支付效率。传统流程中，供应商根据G公司发送的产品需求清单准备货物，并将货物运送至物流中心，再由物流中心分发到各零售商，最终进行核对、入库和销售。尽管流程较为完整，但现有的付款程序涉及多阶段的时间延误，包括核查、发票处理和付款等，整体耗时长达 52 天。这些应付资金在 G 公司账上停留时间较长，整体效率仍有提升空间。为改善这一状况，G 公司计划引入电子支付系统，确保向供应商的支付过程更加快速和安全。电子支付的即时性将大幅缩短付款周期，减少与人工支付相关的延误。G 公司还计划建立付款管理系统，以实时跟踪支付期限，及时纠正延迟付款问题，保障供应商的资金流。

同时，G 公司致力于优化管理系统，通过采用先进的供应链管理系统和数据分析技术，实现供应链流程的自动化与智能化管理。供应链管理系统能够自动处理订单、管理库存和优化物流，提高了交货速度和订单准确性，优化了供应链绩效。数据分析能帮助 G 公司深入了解客户需求和市场趋势，优化产品供应、制定精准的营销策略，并识别供应链中的低效环节。通过投资员工培训和发展，G 公司也能确保员工具备使用新技术和数据分析工具的技能。为支持创新，G 公司计划建立创新实验室，鼓励员工提出改善零售管理模式的新思路和解决方案。以上举措将帮助 G 公司在零售市场中保持竞争优势，提高整体运营效率和客户满意度。

（三）大数据背景下 G 公司供应链成本管理改进策略

1. 完善采购管理体系

G 公司通过构建完善的采购系统，提高了整体效率和竞争力。这样一来，G 公司就能够更好地协调采购目标与整体经营目标，平衡内部资源与外部市场的优势。基于对自身状况的深入了解，G 公司探索了集中采购与分散采购相结合的新模式，灵活运用资源，优化了采购流程。整合后的采购系统让 G 公司能够针对不同商品制定个性化的采购策略，以最优的成本建立供应渠道，从而显著降低运营成本。这种优化成本的方法不仅有助于为客户提供更具竞争力的价格和更高的价值，也帮助 G 公司扩大了市场份额。

此外，G公司在采购信息技术方面的投入，如人工智能和机器学习的应用，有助于简化采购流程，自动化完成重复性任务，提升数据分析的精度，使决策更为科学。通过智能化采购系统的建设，G公司在采购管理中更具灵活性和创新性，减少采购风险，提高效率，并保障采购质量。

2. 采用合理的采购方式

G公司通过应用大数据技术，显著提高了采购效率和成本效益。通过收集和分析消费者行为、市场趋势及供应商表现等大量数据，G公司能够深入洞察采购过程，优化其采购策略。大数据分析能够帮助G公司识别高价值产品，精准预测需求，优化库存管理，避免过度采购。同时，通过分析市场销售数据和趋势，G公司能够及时调整采购计划，确保采购量与实际需求相匹配，有效降低库存成本。大数据还能够助力G公司识别低价值但需求量大的产品，从而通过批量采购获取更优惠的价格，节约采购成本。并且，供应商绩效分析能进一步帮助G公司锁定高质量且价格合理的供应商，使双方建立长期战略合作关系，降低采购成本。借助大数据，G公司能够优化采购时机，通过实时销售和库存数据分析，制定准确的采购决策，防止缺货和库存过剩现象。

3. 寻求专业性采购人才

培训和培养高素质的采购人员对于提高采购效率和效果至关重要。随着全球供应链的发展和分工的细化，采购活动变得更加复杂，企业亟须具备综合能力的专业人才。为满足市场需求，许多高校开设了采购管理相关课程，旨在培养具有相关技能的学生。G公司可以与这些高校合作，招聘具备相关知识的毕业生，提高基层采购人员的素质，满足企业的需求，并为应届生提供就业机会。

除了招聘专业人才，采购人员的管理同样重要。G公司应通过绩效考核约束采购人员的工作，为员工创造公平竞争的环境，并制定科学的晋升机制及奖惩措施，以激发员工积极性和进取心。建议采购团队维持5%～10%的人员流动率，确保30%的专业采购人员长期从事采购工作，其余采购人员可在职业发展中转向其他部门，以保持团队的稳定和创新能力。这样的做法不仅可以让采购理念渗透其他领域，还能帮助 G 公司更好地管理相关部门。

展望未来，G 公司应充分发挥其潜力，推动行业的创新发展。例如，专注于连锁体系和网络型门店，利用统一的采购链支持市场需求，确保食品安全；改造现有的传统农贸市场，改善购物环境和方式，为行业发展贡献力量。

参考文献

[1] 程洁，曹萍，刘晓娜．物流成本管理 [M].杭州：浙江大学出版社，2016.

[2] 注册会计师全国统一考试应试指导编写组．财务成本管理 [M].北京：华文出版社，2019.

[3] 梁竹田，钟聪儿，杨志华，等．物流成本管理 [M].厦门：厦门大学出版社，2018.

[4] 程洁，李明，孙志平．物流成本管理 [M].成都：电子科技大学出版社，2020.

[5] 盛天松．成本管理会计理论与实践 [M].长春：吉林人民出版社，2021.

[6] 张思静．大数据智能时代下公司成本管理创新与实践 [J].广东经济，2024（6）：64–66.

[7] 邓天雨．基于大数据智能化的供水成本管理内部审计研究：以 T 公司为例 [D].重庆：重庆理工大学，2024.

[8] 孙铖铖．大数据背景下永辉超市供应链成本管理研究 [J].中阿科技论坛（中英文），2024（3）：89–93.

[9] 赵雪．基于大数据背景的企业存货成本管理优化研究 [J].财讯，2024（5）：183–185.

[10]向燕．大数据分析在企业供应链成本管理中的应用探讨 [J].中国物流与采购，2024（2）：59–60.

[11] 梁海燕. 大数据技术在高校成本管理中的应用研究：以 Z 高校为例 [J]. 科技经济市场，2023（11）：125-127.

[12] 吴维先. 大数据视域下医院加强精细化成本管理的探讨 [J]. 财经界，2023（30）：45-47.

[13] 王佳璇. 大数据背景下电商企业价值链成本管理分析：以京东集团为例 [J]. 支点，2023（9）：86-88.

[14] 柯美胜. 大数据仿真虚拟平台建设对企业成本管理的影响 [J]. 商场现代化，2023（14）：89-91.

[15] 亓玉. 探究大数据技术下企业财务成本管理创新策略 [J]. 中国物流与采购，2023（14）：87-88.

[16] 庄拥军. 大数据背景下企业供应链成本管理研究 [J]. 现代企业文化，2023（16）：33-36.

[17] 李世通. 大数据时代高新技术企业研发成本管理创新策略 [J]. 纳税，2023，17（14）：58-60.

[18] 詹志昊. 大数据背景下传统零售企业供应链的成本管理研究：以 G 公司为例 [D]. 广州：广东财经大学，2023.

[19] 刘春颖. 基于大数据技术的项目成本管理优化：以中铁科工集团有限公司为例 [D]. 武汉：江汉大学，2023.

[20] 陈晓红. 大数据背景下企业成本管理研究 [J]. 商场现代化，2023（6）：186-188.

[21] 杨俊. 大数据背景下电商企业供应链成本管理分析 [J]. 互联网周刊，2023（1）：23-25.

[22] 胡云龙. 大数据背景下企业成本管理的优化措施 [J]. 今日财富（中国知识产权），2022（12）：61-63.

[23] 刘海丹. 大数据时代企业战略成本管理探讨 [J]. 会计师，2022（21）：26-28.

[24] 朱海娟，杜杭倩. 大数据背景下制造企业成本管理 [J]. 合作经济与科技，2022（21）：131-133.

[25]安岩．基于大数据分析技术的高校成本管理探索 [J]. 现代商贸工业，2022，43（21）：143-145.

[26]张爱香．大数据时代环境下企业成本管理创新的探讨 [J]. 商讯，2022（21）：101-104.

[27]朱海龙．大数据背景下企业供应链成本管理研究 [J]. 商场现代化，2022（16）：153-155.

[28]陈敏，梁宁．大数据背景下的企业成本管理优化措施 [J]. 中国管理信息化，2022，25（15）：47-49.

[29]郑瑛．大数据平台建设对企业成本管理优化的影响研究：以唐人神为例 [D]. 广州：广州大学，2022.

[30]李烨楠，吴丹枫．基于大数据按病种分值付费的公立医院成本管理 [J]. 中国卫生资源，2022，25（3）：315-317.

[31]訾孟玲．大数据背景下物流业价值链成本管理研究：以顺丰控股为例 [D]. 郑州：河南财经政法大学，2022.

[32]楼晨昕．大数据背景下电商企业价值链成本管理研究 [J]. 现代营销（下旬刊），2022（4）：122-124.

[33]孙传勇．基于大数据背景的企业成本管理问题探究 [J]. 投资与创业，2022，33（6）：165-167.

[34]唐红文．大数据在制造业企业成本管理中的应用 [J]. 中国中小企业，2022（3）：138-139.

[35]于诚翰．大数据环境下企业价值链成本管理的优化 [J]. 财会学习，2022（5）：103-105.

[36]杨依丽．基于大数据技术背景的企业财务成本管理创新分析 [J]. 老字号品牌营销，2022（2）：139-141.

[37]王丽，黄金．大数据时代下基于企业供应链视角的成本管理研究 [J]. 中国乡镇企业会计，2021（12）：109-110.

[38]李彩凤．大数据背景下的企业成本管理优化措施分析 [J]. 财经界，2021（27）：57-58.

[39]陆晓花. 以大数据优化企业成本管理 [J]. 中国外资, 2021（14）: 98-99.

[40]李婷. 大数据环境下电力企业成本管理探讨 [J]. 中国科技投资, 2021（18）: 128, 131.

[41]刘亚龙. 基于大数据煤炭企业优化材料成本管理的探讨 [J]. 纳税, 2021, 15（17）: 183-184.

[42]魏嘉敏. 基于大数据应用的物流行业公司战略成本管理研究: 以顺丰控股为例 [D]. 上海: 上海财经大学, 2021.

[43]田妮. 大数据背景下制造业成本管理优化研究: 以 S 公司为例 [D]. 杭州: 浙江财经大学, 2021.

[44]杨博涵. 大数据背景下的企业成本管理研究 [J]. 中国管理信息化, 2021, 24（2）: 49-50.

[45]练换楠, 李萧源. 大数据驱动下制造业成本管理研究 [J]. 中国集体经济, 2021（2）: 34-35.

[46]袁江华. 大数据时代建筑施工企业如何提升成本管理 [J]. 财富生活, 2020（18）: 110-111, 114.

[47]郝晨颖. 大数据在制造业企业成本管理中的应用研究 [J]. 商讯, 2020（23）: 104, 106.

[48]冀娜. 运用大数据优化建筑类企业项目成本管理 [J]. 中国集体经济, 2020（21）: 73-74.

[49]朱立萍. 大数据时代医院加强精细化成本管理分析 [J]. 财经界, 2020（22）: 103-104.

[50]李志霞. 大数据时代的成本管理与优化 [J]. 财会学习, 2020（19）: 103-104.

[51]张宏伟. 基于大数据时代下企业提高成本管理效率的问题 [J]. 科技创新导报, 2020, 17（15）: 170, 172.

[52]姜美琴. 试析大数据背景下企业作业链成本管理的优化研究 [J]. 商讯, 2020（13）: 109, 111.

[53]徐婕. 基于大数据的 M 公司战略成本管理设计研究 [D]. 大连：东北财经人学，2020.

[54]盛月. 基于大数据的企业作业链成本管理的优化分析 [J]. 纳税，2020，14（9）：162，164.

[55]贾海英. 大数据背景下制造业成本管理与控制的方法及实施 [J]. 经济管理文摘，2020（6）：44-45.

[56]杨国臣. 基于大数据时代企业成本管理研究 [J]. 纳税，2019，13（36）：192-193.

[57]于春萍. 基于大数据背景的企业成本管理问题分析 [J]. 企业改革与管理，2019（22）：127，129.

[58]黄芳. 大数据在企业成本管理中的应用初探 [J]. 商讯，2019（33）：100-101.

[59]陈晓东，夏天，翟小平. 基于智能制造和大数据环境下的精益成本管理 [J]. 财务与会计，2019（22）：69-70.

[60]赵小婷. 基于大数据背景下的电力企业成本管理 [J]. 当代会计，2019（19）：105-106.

[61]何松伟. 大数据时代汽车零部件企业成本管理研究 [J]. 财会学习，2019（27）：154，156.

[62]王珏. 大数据时代企业成本管理的创新模式研究 [J]. 现代经济信息，2019（4）：182-183.

[63]周文霞. 大数据时代企业提高成本管理效率研究 [J]. 中国乡镇企业会计，2019（1）：245-246.

[64]徐琮. 大数据在制造业企业成本管理中的应用研究 [J]. 企业改革与管理，2018（24）：142，145.

[65]刘澂. 大数据时代下的传统施工成本管理模式分析 [J]. 今日财富（中国知识产权），2018（12）：147.